男人不坏，
只要用对方式去爱

吴若权 著

东方出版中心

图书在版编目（CIP）数据

男人不坏，只要用对方式去爱／吴若权著．—上海：
东方出版中心，2018.12
（爱情书房）
ISBN 978 - 7 - 5473 - 1351 - 0

Ⅰ. ①男… Ⅱ. ①吴… Ⅲ. ①爱情—通俗读物 Ⅳ.
①C913.1 - 49

中国版本图书馆 CIP 数据核字（2018）第 209268 号

上海市版权局著作权合同登记：图字 09 - 2018 - 443 号

本书由皇冠文化集团授权东方出版中心在中国大陆独家出
版、发行中文简体字版本。本书仅限于中国大陆地区发行，
不得销售至香港、澳门、台湾及任何海外地区。

男人不坏，只要用对方式去爱

出版发行：东方出版中心
地　　址：上海市仙霞路 345 号
电　　话：（021）62417400
邮政编码：200336
经　　销：全国新华书店
印　　刷：杭州日报报业集团盛元印务有限公司
开　　本：787mm×1092mm　1/32
字　　数：59 千字
印　　张：6.5
版　　次：2018 年 12 月第 1 版第 1 次印刷
ISBN 978 - 7 - 5473 - 1351 - 0
定　　价：33.00 元

男人不坏，只要用对方式去爱（自序）

　　几乎所有的女生都觉得，男人永远不完美。能够接受这项事实的女生，确实会比较容易找到伴侣。然而，接下来的苦恼是："为什么这个已经不够完美的男人，竟然还能不尽全力来爱我?!"更不可思议的是："而我深深为此感到苦恼，却好像也离不开他。"

　　我常听到以下各式各样令女生困惑的抱怨："好不容易出来约会吃饭，还不停玩手机。""连我去上化妆间，等个五分钟，也要趁机打游戏!""分手多年的前女友，突然敲来讯息，他立马回传，关心她近况。""明明聊到很开心，他突然沉默不语。""发起牢骚时，觉得天下人都对不起他。""说自己很宅，却网友满天下。""他疑似劈腿，被我抓到。他说是我多心，才有这些误会。"……

　　接着，就是女生对男人很无言的期许："我该怎样做，才能改变他?"而藏在你心中真实的意图却是："我希望他能多爱我一点！"可惜，爱情并不是像男人热衷的球赛或游戏，可以因为你的激励，而发愤图强。如果你够了解男人，就会彻底发现：幸福的真相，存在于一个很基本的逻辑——爱，就是容许他，做自己！

　　坊间有很多讨论两性关系的书籍，包括我也出版过几本这类主题的著作，解析男女大不同，试图陪伴读者去了解两性的差异，进而找到彼此都能接受与适应的相处之道。

　　但是经过持续多年的观察与研究，我发现：积极想要了解男人的女生，仍感到困惑不解，因为在她们眼中，男人总是依然故我。

　　不仅外面的男人看起来始终那副样子，连你碰到的好几个男人，也都是同一个德行。恋爱，分手；分手，恋爱。男友换过好几个，问题还是那几个，往事不要再提，旧戏却还重演！

　　后来，你在种种自认为失败的爱情经验里，有了诸多怀疑：我不够好吗？我对他太好吗？他真的适合我吗？他会不会就是属于天下乌鸦一般黑那样的男人？却忽略了最关键的这个问题：你的爱，有让他成长的空间吗？他的未来，会有你的存在吗？

　　与其不停地想要了解男人，不如回过头来训练自己如何接受男人。到底要经过多少痛苦、愈合多少情伤，你才终于在爱中学会这个道理："接受，比了解重要！"而且还要能在相处的过程中，心甘情愿地实践。

　　男人，是懒吗？是笨吗？是肤浅吗？大多数男人碰到让他第一眼就心动的女生，对她并不会有太多问题。那些"你的兴趣是?""你是什么星座?""你最爱的歌手是谁?"等问题，只是他从书上学来的搭讪技巧，你的答案是什么，一点都不重要。他想爱，就爱了。

　　或许他准备不够，也不成熟；或许他配你不上，也不够格。但是他就这样捧着热热的心，朝着你的方向走来。

男人的爱情，常开始于他的一时冲动；然后，结束于他动都不想动。只是在他的"一时冲动"与"动都不想动"之间，女人有无数的疑问与困惑。倘若能找到解答，就可能豁然开朗；如果始终一头雾水，就只能徒留遗憾。

"你，还爱我吗?"这是女生的千古大哉问。男人却认为这个问题很笨，他心想：我若不爱你，我在这里干嘛?!男人的感情哲学是：没有离开，就表示心还在!女人却觉得，男人若无法百分之百付出真心，不如就离开算了。

偏偏，感情的事情，没这么容易一翻两瞪眼。内心之所以会为爱纠结、彷徨、挣扎，往往在于我们离不开困顿的所在，又达不到可以幸福的地方。

究竟，哪些疑问，是你真的想太多？哪些困惑，是你不该再骗自己？请别用你过去错误的经验，去猜测他现在的想法。让我陪你回到人性的基本面，透过四十八个两性相处时女生最常碰到的疑惑，再一次让你看清楚自己的盲点，进而接纳男人真实的样貌，帮助你在爱到不知天高地厚、分不出东南西北的时候，做出最聪明的决定。

《男人不坏，只要用对方式去爱》是我出版的第一〇三号作品。但愿你终会发现：身边的酷哥，其实是暖男！只要你懂得如何打开他习惯孤单又畏惧被拆解的心房，彼此之间就会充满幸福阳光。你可以从他身上得到的爱，比你想象中的更多。

目录

PART—1

付出关心前，要多观察

别去问他烦什么 / 3

沉默将感情炼成金 / 6

遗失在时光里的小动作 / 10

说谎男人变诚实 / 14

他在家里算老几 / 18

被眼泪征服的男人 / 22

男人不爱被当成狗 / 25

好男人，至少要七分熟 / 28

妈宝也会长大 / 32

没钱很难娶老婆过年 / 36

PART—2

没说出口的话，才最关键

男人习惯逃避争吵　/　43

何必得宠不饶人　/　46

更厉害的武器　/　50

爱用做的就够了？　/　54

好到令他有压力　/　58

标示稳定交往中　/　62

嘴碎背后的性格　/　66

不够勇敢才借酒壮胆　/　70

男人喝醉变很"卢"　/　74

不准离开我　/　77

PART—3

先洞察生理，再掌握心理

爱在身上留齿痕　/　83

亲吻不能随便给　/　87

管紧他就不偷吃　/　90

拒绝出轨了不起　/　94

宾馆比他家安全　/　98

莫非他想借腹生子　/　102

分辨他的"找伴"动机　/　106

爱不能勉强做　/　109

怎能把暧昧当作喘息？　/　113

PART—4

他是有情趣，还是不安分？

随意给美女点赞 / 119

不去夜店未必乖 / 122

胆识比胆量更重要 / 125

出轨借口是梦游 / 129

约会手机关静音 / 133

特别的电话号码簿 / 137

劈腿男的两种坏 / 140

且行且珍惜 / 143

内裤采购决策权 / 147

PART—5

不完美的男人，完整了女人

吉他男要会烤肉 / 153

没房没车谁要嫁 / 157

婚恋不是冲业绩 / 161

迷恋黄色小鸭 / 165

女人怕的男人味 / 169

耍贱男缠上自卑女 / 172

烟是男人的逗点 / 176

帅哥永远比美女多 / 180

嘻哈男学当好爸爸 / 183

分手时说的话 / 187

PART—1

付出关心前，要多观察

男人并非刻意心口不一，只要对他多肯定、多赞赏，他就能放下心防，对你说实话!

别去问他烦什么

处理负面情绪的方法，两性大不同——
男人苦闷的时候，偏爱一个人独处；女人心
烦的时候，喜欢找朋友聊天。

本来还算活泼健谈的男人，突然在晚上回到家之后
变得很闷，声音从电话彼端传过来，明显比平常低沉沙
哑许多。她焦虑地问："你怎么了？"

几乎全天下的男人都很有默契，面对这个问题的答
案，都会是："没有啊。"如果彼此之间关系不够好，
或是他的个性太自我，还会接着补上一句："你想太
多。"让关心他的女人更感到挫折，甚至"被迫害妄想
症"上身似的，不断回头检讨自己究竟做错了什么。或
是疑心病发作，猜想男人是不是有做出对不起她的事，
才会一时心虚，不肯明说。

其实，男人往往只是在外面跑累了，回到家需要一
点时间重新调整情绪；或他真的有些心事需要在心底慢

慢消化，并不一定是故意要隐瞒伴侣。你不要太急着采取安慰的行动，或耐不住寂寞地要揭穿他的心事。有时候你会忘记仔细去分辨：你是真的想关心他，或只是想刻意表现自己的聪明体贴。

倘若他是个自信心足够，而且个性体贴的男人，也许会简单交代说："今天被猪头同事搞得有点烦，你不用担心，很快就没事的。"这已经可以算是对经营感情仁至义尽。

聪明的女人会在男伴心烦的时候，忍住自己的好奇与感性，适可而止地暂停追问，等他休息够、调整好，再去表达关心与了解，而不是继续无止境地追问。有些女人自以为温柔贤淑，并不追问男人心烦什么，而是不停端出鲜鱼、鸡汤、咖啡，试图以"来来来，趁热享用"表达自己的体贴，男人也会因此感到窒息。

处理负面情绪的方法，两性大不同——男人苦闷的时候，偏爱一个人独处；女人心烦的时候，喜欢找朋友聊天。懂得妥协与退让，用对方能够接受的方式对待，关系才可能长久。

只有极少数的男人才会在日常彼此关系的互动中，不断自我检讨，以求改进。

有时候，他因为觉得自己做错事或做得不够好，而沉闷一段时间。女人只要耐住性子，等他的内心世界雨过天晴，或许就会找机会把心事聊开，此刻两人将甜蜜地共同向幸福更迈进一些。

沉默将感情炼成金

女人与其一味地怪男人为什么变沉默，不如反躬自省，有没有哪些不好的沟通习惯，造成彼此之间的无话可说。

很多女人抱怨，当恋情稳定或是婚姻安顿之后，身边的男人愈来愈沉默寡言，彼此之间好像变得无话可说。

即使她很努力找出各种话题，试图燃起他往日喜欢聊天的热情，却完全无济于事。甚至要她发脾气，质问他："我在说话，你有没有在听？为什么都没反应，也不回答？"男人总要熬到这个时候，才很勉强地应付一声："有啊！""是喔！""你决定就好！"

除此之外，女人还可能会有令她更惊奇（或更气馁）的发现，当她跟这个男人一起参加聚会，对着共同认识的朋友聊起"别逼他说话啦，他比较沉默寡言"的时候，竟然会从男人的同事或朋友口中得到这样的回应："哪会啊，他平常话可多了。"

事情发展到这个地步，女人难免心想："他故意不跟我说话，会不会是不爱我了呢？"

确实如此。当男人觉得心烦了、身体累了、感情淡了，的确会变得比较沉默。这时候女人不妨退回一步，以察言观色并向内自省，检视彼此的问题出在哪里？女人与其一味地怪男人为什么变沉默，不如反躬自省，有没有哪些不好的沟通习惯，造成彼此之间的无话可说。

曾有男性朋友语重心长地分享他的实情："其实我都是在忍耐。我知道当我再多说一句，我们就可能发生严重的争吵，所以就在心中默数十秒，然后把话吞进去。"类似的情况次数多了，男人就渐渐变得更沉默。

　　你能说他不爱了吗？或许，正好相反。他认为在此刻忍住，把话吞回去，保持沉默，以避免争吵，是他努力维系爱的方式；只不过，或许他用的方式，不是你所期待的。但只要你能理解这个动机是善意的，两人的战火就不会被点燃，关系也不至于立刻变得疏离。

　　当你愿意多了解他，理解他的想法，将会发现：对话的当下，他不想争辩、不想反驳，竟然是因为这个理由——不管他怎么说、怎么表达，最后总要争辩成你是对的、要听你的，然而很多事情其实没有那么绝对，他可以让步，但未必心服。

　　每次发生口头之争的时候，你会很强势地逞一时之快，并且想要在两人之间获得压倒性的胜利吗？如果你常稳居冠军宝座，必定要特别小心啊，这就是男人相处久了，渐渐变沉默的原因。

　　了解男人沉默的理由，果真就像在感情泥沙中淘到黄金。懂得珍惜他适时的沉默，学会彼此退让一步，放弃解释与争辩，彼此的幸福之光将会更闪耀。

遗失在时光里的小动作

> 男人忘掉的这些亲密的小动作，并不一定是代表他不爱了。只要女人愿意多给他一点肯定或激励，不论是言语的、眼神的，都能帮助他找回当时的甜蜜。

等地铁的几分钟，他用手指头偷偷戳她的腰。她回眸，甜甜地笑着。他伸出双手，环抱住她，两个人的距离更近了。

和一堆人挤在电梯里，身材高壮的他，用下巴轻碰她的额头，她顿时抬头仰望，做了一个鬼脸，两人都笑开怀。

看电影的时候，他全程握着她的手，剧情特别感人的那一刻，他发现她流泪，赶紧用厚实的手掌，爱抚般地抹去她的泪痕。她从包包拿出纸巾，不是擦自己的脸颊，而是帮他擦拭手掌的眼泪。

以上这些亲密的小动作，在你和他的爱情中，维持了多久？只是在热恋的初期才有，或是回到柴米油盐酱醋茶的生活中依然保留？

爱情之路迢迢，能够让幸福不随着岁月增长而减损的，正是这些可以随时提醒彼此仍深深爱着的小动作。可惜的是，多数人在漫漫长路中，懒了、累了、倦了或只是疏忽了，让这些亲密的小动作，遗失在相爱的时光里。

而当女人哀怨地对男人说："你都不像从前那样对我。"男人多半犹如得健忘症似的，仿佛是替自己辩解、也很委屈似的说："有吗？哪有啊？我的心都是一样的啊！"女人因此为之气结。

当我渐渐变得成熟，开始有足够的生命智慧跟女性朋友说，这时候的你啊，千万别难过，表示他当初做的这些亲密动作，都很真实、很自然、很随意，他不是刻意为了迎合你或讨好你，才使出浑身解数的。如果他当时是故意设计这些小动作，他会记得很清楚，知道自己如何在爱情的版图上攻城略地，然后放下武器。

可是，你一定很想问，若当时的他出于真心，为什么现在不再像从前那样，很真实、很自然、很随意做出亲密的小动作呢？

原因可能有很多。

或许，是你从来没有肯定过他在这方面的表现；或许，他曾经想继续浪漫，但你觉得多此一举，甚至数落他"肉麻当有趣"；或许，是他已经很放心不会失去你；或许，是他的工作压力大到已经忘了要去经营爱情的甜蜜……

　　而男人忘掉的这些亲密的小动作，并不一定是代表他不爱了。只要女人愿意多给他一点肯定或激励，不论是言语的、眼神的，都能帮助他找回当时的甜蜜，让男人重新忆起自己的这些亲密小动作在感情生活中的意义。

　　唯有到这个时候，男女双方才真正发现，原来能让爱情历久弥新的，就在这些细节里，跟柴米油盐酱醋茶一样，多一点用心的付出，就多留下一些难忘的滋味。

说谎男人变诚实

　　几乎所有的男人，都不善于处理他和伴
侣之间诚实与说谎的比例与时机。男人说
谎，或许没有恶意，他只是想省点事情，不
想解释那么多。

　　我，确实常说谎。大大小小的谎、各种理由的谎，
不论是为了保护自己或是善意让对方好过，总之我就
是常常说谎。直到最后这一次，对方问："你到底还爱
不爱我？"时，我再也无法顺利吐出"我爱你"这三
个字。即使我很努力，想要再骗她一次；但我突然发
现，在这个紧要关头，失去说谎的能力。在我噤声
无语的几秒钟，她终于也发现了，我对这个问题沉
默的反应，竟是我在这段感情关系中，最诚实的一
次——我，不，爱，了。以上，是一个轻熟男的真心
告白。

　　他忏悔于伤害了一个无辜的女孩，毕竟她没有做错
什么；可是，若问自己做错了什么、为什么要分手，这

些问题往往未必有具体的答案，纯粹只是不爱了。他没有花心、没有劈腿、没有做对不起她的事；只是很多的意见分歧、很多的沟通无效、很多的相处不合，累了，不想再继续。

回顾之前他所说过大大小小的谎、各种理由的谎，他恍然发现：当时的他，为了这段感情能够继续，为了让她能够安心……他很努力地说过许多谎话，却也因为这样的付出，延续了彼此之间短暂的甜美时光。如今，痛快地说了实话，让感情"一刀毙命"。

几乎所有的男人，都不善于处理他和伴侣之间诚实与说谎的比例与时机。男人说谎，或许没有恶意，他只是想省点事情，不想解释那么多，于是撒一个自认无伤大雅的小谎话；可是，等到他对感情也失去耐性的时候，就连撒谎也懒得了。可怜的女伴，就只能在分手时，听到他所承认的这句实话，竟是：我，不，爱，了。

　　而女人期望中理想的爱情，永远与事实相反。她希望两人在一起时，男人说的都是实话；哪天男人在转身离开前，说出"我不爱了"时，她确认这才是一句百分之百的谎话。她想，他离开是有很多不得已，骗她说"我不爱了"只是为了让自己死心。

　　女人对于男人的谎言，总是又爱又恨。她心底其实很明白，男人说谎虽不值得肯定，但至少表示他心中还有爱。当不爱的时候，男人比谁都诚实。而面对变得这

么诚实的男人，女人未必会觉得他可爱。即使她有高度
的包容力，想要挽回一切、继续去爱，男人恐怕也无地
自容了。

他在家里算老几

解析原生家庭手足排序的性格特质，只是深入了解自己的一种角度而已，不能拿来合理化自己的不当行为，也不要过度相信宿命，把种种不如意都归咎于排行。

不知道是哪里学来的两性关系相处观念，愈来愈多的男人告诉我，他们愿意主动跟女伴表明自己爱面子，"只要在外面让我当老大；在家里我都愿意听你的"。

当然，也不乏自认为很懂得经营两性关系的女人支持这个理论，把男人对于尊严的需要摆在最前面，愿意在外面让他当皇帝，回家才比较好驯服。虽然还不到把在家男人当奴才的地步，但至少是要他乖巧一点。

这样的逻辑是否真的有效？我并不敢保证。同样身为男人，我是无法将频道切换得如此迅速。如果在外面当老大太久了，恐怕回到家还是无法放下身段。

他在家里算老几？这并非只是一则趣味问题。尤其在原生家庭的手足排序，很可能影响感情的关系。很多心理学的研究报告，都尝试从"手足排序"这个主题，观察人格特质和感情处理是否有绝对性的关系。但是，由于每个家庭中的子女数目、子女年龄间隔，以及这些子女的"手足排序"变数很多，让整个研究变得很复杂，而难以在一时之间做成统一的定论。

读者可以参考《家庭评估与会谈技巧》（启示出版）中的几个篇章，对手足排行有概念性的解析。

老大可能会有过度负责的倾向，老幺通常比较调皮，夹在老大和老幺之间的中间子女，则要力求表现才能得到注目。独生子女，则兼具老大和老幺的特质，并且希望父母把所有的焦点都放在他身上。

除了排行序之外，性别的差别，也可能让原本排行

序的特质有些不同的行为表现。在不同文化背景的熏陶
之下，父母是否重男轻女，也会影响手足排序的性格差
异。长女常被父母要求照顾弟妹，因而比较懂得关怀他
人；长子肩负父母的期望较高，因而容易感受到沉重的
负担，不是特别力争上游就是被压力逼得喘不过气。

　　看完以上粗略的分析，无论你赞同或反对，都不必
太在意，解析原生家庭手足排序的性格特质，只是深入
了解自己的一种角度而已，不能拿来合理化自己的不当
行为，也不要过度相信宿命，把种种不如意都归咎于排
行。每个人都有许多不同的面向，比较重要的是了解自
己是谁，以及为什么会变成这样，然后努力成为一个更
好的人。

　　当然，对自己的这份体认，也有助于用来了解对方。从排行与性别的差异，知道他是怎么想的，破解沟通的障碍，拉近两颗心的距离。

被眼泪征服的男人

只有极少数的男人，懂得在女人落泪的
关键时刻，坚定地拥抱着哭泣中的她说：
"宝贝，让你受委屈了，我心疼！"

眼泪，是女人最好的武器。你相信这个说法吗？

多数男人碰到女人在他面前落泪，当下的第一个反应，必定是手足无措。接着呢？就各有千秋了。

有些男人，急着想逃跑，完全无法应付这个局面。

有些男人，急着想制止，甚至对着泪眼迷蒙的女人咆哮："你再哭，我就不理你了！"

有些男人，跟着示弱，哽咽地说："看你这样哭，我不知道怎么办！"

只有极少数的男人，懂得在女人落泪的关键时刻，坚定地拥抱着哭泣中的她说："宝贝，让你受委屈了，我心疼！"

最后的这个举措，最能让女人感动。偏偏，除非经过训练或学习，会凭着直觉给出这种令女人暖心的回应，说出"宝贝，让你受委屈了，我心疼"的男人，多少都有点大男人主义。表面上，他被女人的眼泪征服了；事实上，他懂得如何回过头来操控女人！

然而，这一回合的胜败未定。要看女人被男人搂在怀中时，接下来的反应是什么？

有的女人继续哭个不停，近乎歇斯底里，若不是故意耍赖下去，就是连她自己都不知道该如何收拾残局。这种反应，若拖延太久，很容易把男人仅存的耐性磨光，让他回到前面的几种劣根性：逃跑、咆哮或示弱。显然地，这并不是女人想要的结果。

女人若想要用眼泪征服男人，首先必须要选对人，他既有肩膀又心软，懂得放低姿态、怜香惜玉；其次，女人若知道善用眼泪这项武器，既要选择发动攻击的时机，也该在枪林弹雨后适可而止，不能一味地乘胜追击。

我在出版的作品《眼泪是灰烬里的钻石：爱后即焚——恋人的最高机密档案》（皇冠出版）中，提到："爱过以后，所有曾经流下的眼泪，都会淬炼成钻石，璀璨你往后的人生。"那是因为相爱一场，让我们懂得透过反省而得到智慧，并不是要以眼泪去控制对方。

毕竟，爱情里最美好的战役，并非单方面的胜利，而是双方在和解之后，以更了解彼此的心情继续携手，并不是非要分出胜负，弄到你死我活。

男人不爱被当成狗

> 女人若把男人当成狗，心态上很容易有指挥与命令的成分，完全显露内在的控制欲，必然伤害到彼此的感情。

狗，通常是很值得被爱的宠物。

它象征着忠诚、善解人意。但是，不知道为什么，如果要把男人比喻成狗，好听的评语就不会太多。

最直接的联想是："狗改不了吃屎。""男人想要性爱时，就像发情的公狗。"这样的骂声，别说是男人感到无奈了；若狗能听懂人话，也会觉得冤枉——关我什么事呢？

日本有位热血教师高滨正伸，不怕得罪男人，大胆站在姐姐妹妹那一边，以"语不惊人死不休"的气势，提出"把丈夫当成狗"的主张，果然博得媒体的青睐，大幅报道他的见解。

高滨先生传授给太太们的驯夫秘诀是：男人，都很爱面子。太太只要关照他的饮食需求，并且在言语上给予肯定，常把类似"你好棒喔"的赞美挂在嘴边，男人就会变得像狗狗一样忠诚。他甚至很有把握地说，太太懂得把握驯犬的要领，就必能搞定夫妻关系。

这个理论的重点，是对于女人提供给男人的生活照顾和语言肯定给予支持，并不是真的要天下女人都"把丈夫当成狗"。

我相信高滨先生"把丈夫当成狗"的主张，是建立于"男人和女人是不同种生物"的前提，并没有特别贬损男人的意思。顶多就是运用"危言耸听"的技巧，赢得读者关注。

我身边多数男人，或许可以对此论述部分感到同意，却对于"把男人比喻成狗"这件事，深深不以为然。无论是对男人或狗，都失去该有的尊重。女人若把男人当成狗，心态上很容易有指挥与命令的成分，完全显露内在的控制欲必然伤害到彼此的感情。即使女人是用宠爱的心态来对待自己所爱的男人，男人也不喜欢被他的女人当成狗看待。

至于那些听信于"把丈夫当成狗"主张的女人，要不是特别有幽默感，就是对自己没自信。若想要靠着贬低男人来经营两性关系，一开始出发的动机就错了，很难会有好结果。

男人的真心话是：无论在你眼中，狗有多么忠诚、多么可爱，都不要把我当成狗吧！

好男人，至少要七分熟

约会准时、接送回家、尊重父母、付钱养家、生涯规划、理财置产……都是成熟的表现，男人不一定要全数做到，但至少要表示愿意努力试试，看将来能不能做到！

女生在十七岁或三十岁时谈恋爱，若碰到同龄的男人，都有很相似的感触——为什么他这么幼稚？她十七岁时，发觉男人幼稚，还情有可原，毕竟来日方长，可以等男生渐渐变得成熟；可是，当她到了三十岁，依然觉得男人幼稚，心就彻底慌了！幼稚的男人当然不是她可以倚靠终身的对象，于是她只好向年纪更大的男人看去，他们个性稳重、事业有成，没错！却已婚……

在这些女生眼底，从十七岁到三十岁，男人的外貌确实成长了，脸上的青春痘变少、两颊的鬓角更浓密，但内在的改变却不多。他们依然言不及义、吹牛打屁、沉迷游戏、只顾自己……

知名导演、作家九把刀，在电影《那些年，我们一起追的女孩》中，有一句经典台词："我就是幼稚，才会追你这么久！"曾经感动很多观众和读者，但是回到真实的人生里，幼稚的男人，绝对会是女人的灾难。或许男人可以维持某种程度的天真纯情，但是绝对不能过于不成熟。

当然我们不能简化地将"幼稚"与"成熟"，设定为壁垒分明的两个极端。不能说天真纯情就是幼稚，稳重无趣就是成熟。女人或许可以接受男人某部分的浪漫可爱，但她更希望他懂得体贴女人内心真正的需要，并且对感情和经济有责任感。

愿意负责，是男人成熟的指标之一，也是吸引女人的魅力之一。那不只是一种心态，也是一种能力。约会准时、接送回家、尊重父母、付钱养家、生涯规划、理财置产……都是成熟的表现，男人不一定要全数做到，但至少要表示愿意努力做到。

好男人，至少要七分熟！他可以说目前没有这个能力，但至少要承诺愿意持续努力！反之，若遇到事情就找借口推托；遭遇挫折却从不反省自己；千错万错都是别人的错；只求自己享受，不顾别人感受，就会让女人觉得他很幼稚。

当女人碰到同龄的男人，爱上他之后，才发现他的内在很幼稚，确实难免感到挫折，但别灰心失望，与其被动地等待他成熟，不如主动地帮助他长大。

多花点心思引导，以不伤自尊的委婉方式告诉他：

你要的是什么？再给他一点时间学习成长，或许有机会栽培出一个够成熟的他。前提是：要判断他是否具备足够的可塑性，而你也有足够的时间与耐心等待。

妈宝也会长大

男孩何时"转大人"？当他十五岁时，只有爸妈关心这个问题。等他到了三十岁，换他的女友开始为此烦恼，不是他的身形，而是他的心智年龄。

很多女性朋友，经常跟我抱怨她的男友：

"每天都在打电动，跟小孩一样贪玩，他什么时候才会长大啊？"

"为什么明明是轻熟男了，想法却和高中生很像？"

并非她对男友过度苛责，而是很多男孩在成长过程中被家庭过度保护，甚至被冠上"妈宝"的称呼，即使穿上西装、搭配很时尚的发型或皮鞋，思想还是很稚嫩，像个大男孩。

男孩何时"转大人"？当他十五岁的时候，只有爸妈关心这个问题。传统中药房里有卖一种叫做"转大人"的药材，后来连西药房也开始销售可以帮助青少年长高的营养保健食品，都号称可以帮助男孩转大人。爸妈多少都会投资一点，希望男孩可以长得既高又壮。

等他到了三十岁，甚至三十五岁，换他的女友开始为此烦恼，不是他的身形，而是他的心智年龄。这已经不是任何补品可以解决的问题，而是每个男孩都需要更多的人生阅历，让他转变为一个成熟稳重的男人，懂得替自己，也为所爱的人负责。

相对之下，成年男子若有机会在路上巧遇中学时候的女同学，回想起对方毕业纪念册照片上青涩的模样，难免在心中产生这样的赞叹："女大十八变！""丑小鸭，变天鹅！"其实这些话并没有恶意揶揄，传回当事人耳里，她感到欢喜之余，会有点骄傲，欣喜于自己的改变与成熟。

现今微整形盛行，每当媒体捕捉到淑女名媛或女艺
人，未出道前青涩少女时的模样，可就不会宽容地用
"女大十八变""丑小鸭，变天鹅"来形容了，反而是
用很严格的标准，检视她哪个部位动过手脚，图文并
茂、罗列重点，让读者对照前后，一览无遗。

无论是素人美女、知名女性，随着生命的阶段不
同，很容易看出她内在或外貌的明显变化。女人总是积
极求新求变，希望自己变得跟过去不同。相对地，男性
的转变比较不明显。即使留了胡须、秃了头发，眉宇之
间那股茫然憨傻或精明奸巧，似乎中学的时候就已经
注定。

男人从学校毕业，或许经历服役、就业、转职、恋

爱、结婚、生子，很多外在环境的变化，常以为内在的自己也随之改变，其实有时候那只是外在形式上的改变，而不是内在的转变。如同换新发型，并不能改变想法。除非当事人可以体验到上一个人生阶段已经彻底地结束，并且好好处理这个结束，告别那些依赖、调皮、不肯负责的习性，谨慎地开始另一个新的人生里程。

当一个男人愿意为了爱而舍弃自己旧有的坏习惯，透过一段恋情，以勇敢的姿势、负责的心态，投入新的人生阶段，他就很快可以拿到一把正确的钥匙，启动幸福的大门。如果他一直没有做好转变的准备，身边的女人会跟着受苦，直到她决定离开的那一天。

没钱很难娶老婆过年

> 爱情与面包，或许不一定是二选一的难题，但若是有一段辛苦日子，要天天吃吐司，你是否会甘之如饴而不觉得委屈？

多么耳熟能详的这一句话："有钱、没钱，娶个老婆好过年！"随着经济环境的变化，对于那些没钱却想要娶老婆过年的单身汉而言，是蛮尴尬的一件事。

最近我询问两对正在筹备婚礼的佳偶，估计他们办好婚事会花多少钱，得到新台币"四十五万"和"六十万"元这两个数字。

别以为他们举办铺张浪费的奢华婚礼，两对新人都算是一般小康家庭，也没有特别要讲究气派，但是从婚纱、照片、喜帖、喜宴，再加上不能免除的几个简单的仪式，林林总总加起来，他们说这已经是尽量精简省钱的做法。

听到这两个数字，再回头看看这几年来，我接到的女性读者抱怨男友不肯娶她的个案，突然对这些可怜的男人，生出无比同情。

这些男人谈多年恋爱，甚至和女友同居很久，迟迟不肯正式把女伴娶进门。一旦被逼婚逼急了，他发出的肺腑之言是："在经济上，我还没有准备好。"从前很多女孩会说："这根本是借口！"但只要对照上述结婚经费的实际支出，就知道这确实是实情。别说是买房、买车，光是连举办婚礼，都要花掉几十万。

尽管很多女孩会说："我又没要他独自出资，我也可以帮忙付。"但是，无论从谁的口袋把钱掏出来，如果已经做好以后要共度一生的打算，男方对办婚事要花费不少金钱的顾虑，的确是他需要仔细盘算的。倘若他连这样的犹豫都没有，你跟他厮混下去，未来的风险很高。

我碰过几个对财务没概念的年轻男女，心中会有个错误的算盘：喜宴的花费，可以从红包赚回来。

这个公式可以成立的前提是：喜宴的钱爸妈付，红包的钱你自己收。

否则，根本不可能。

你收别人的红包，大部分的礼数，对方结婚时都还要还出去。真正有钱赚的人，不是你，而是你去办喜宴的酒楼。

天无绝人之路。没钱，想结婚！只要有真爱，还是可以去公证。只要是非双休日，新台币一千元可以搞定。

　　经济，是很现实的因素。想法再浪漫的男人，走到山穷水尽时，都必须面对实际。爱情与面包，或许不一定是二选一的难题，但若是有一段辛苦日子，要天天吃吐司，你是否会甘之如饴而不觉得委屈？

　　从辛苦到幸福，赤手空拳打拼的两个人，需要有更多的包容及忍耐。女人要给男人留面子还得陪他喝西北风，撑得过去才算数，一抱怨就没辙。选对人、想清楚，跟穷小子结婚，有时候真的是豪赌，逼婚之前，可要先掂掂自己的分量。

PART—2

没说出口的话，才最关键

或许，爱的最高境界就是：该说的时候，就说；不该说的时候，不说。而你花了一辈子正在学：听懂他说的，以及还没说的。

男人习惯逃避争吵

> 如果是比赛上的输赢，男人确实比女人更喜欢竞争；但是，倘若是情人之间为了把事情弄个水落石出，女人绝对比男人更有勇气面对现实。

在深夜的停车场，听到一对情侣争吵。

他们刚从知名的夜市吃完宵夜，开心地往回程路上走。女孩拿着停车卡先去自动缴费机付款，男孩拿着汽车钥匙遥控器准备把车开出来。双方走到汽车前将要会合的时刻，男孩的手机发出有讯息传来的声响。

女孩敏感地问："是谁？这么晚还发讯息给你。"男孩的动作很明显，是做贼心虚，立刻用手指滑开手机的小屏幕，匆匆删除那一则讯息，女孩声音凄厉再问一次："你老实说，是不是她？你们又继续背着我搞暧昧了对不对？"

男孩瞥见我旁观到这一幕，催促女孩上车，他压低嗓门说："你要吵也不要在这个地方吵！"女孩主动开炮："我就要在这里吵，你今天不给我说清楚，我绝对不会上车。"

这时候，反倒是我觉得尴尬，匆匆上车，离开他们的视线。

一边开车，我一边想着这个问题："女人比男人好斗吗？"如果是比赛上的输赢，男人确实比女人更喜欢竞争；但是，倘若是情人之间为了把事情弄个水落石出，女人绝对比男人更有勇气面对现实。

表面上看起来，女人的确比较爱争吵；但是，事实上女人比男人更积极处理两性的冲突。女人比较愿意开启对话，也比较愿意试着去解决问题。男人在这方面很容易采取拖延、逃避以及冷处理的策略。

　　正因为这个原因，当女人主动开启吵架的战火，表示她对这段感情还抱持希望，只要男人愿意以合作的态度倾听，共同寻找解决方案，女人多半还会留在这段关系里。反之，当男人主动掀起争端，多半是他离开的心意已决，只不过是借题发挥，好让对方知难而退。

　　当你和男人吵架的当下，不妨先冷静几秒，你的目的是为了沟通质量更好；或是你已经豁出去了，不惜一切代价，即使分手也要把话说开。

　　男人逃避吵架，有时候是因为他还希望继续爱。这时候，女人不妨多忍耐一下寂寞，等待下一次好好沟通的时机，不要因为一时心急就大吵。小心，把缘分吵掉啰！

何必得宠不饶人

> 想要真正化解纷争，必须回到感性的层
> 面，彼此放弃"据理力争"的立场，以柔软
> 心去感同身受对方的想法，才会有解决问题
> 的共识出现。

生气，是门艺术。乱发脾气，固然不好。长期忍气
吞声，也容易出问题。我接受朋友的请托，帮助一对情
侣沟通，个别听对方说了很久，汇整两人的意见，才发
现他们最大的问题，竟在于女方最后脱口而出说的那
句："原来，我就是生气你的不生气。"

他们交往多年，刚开始的阶段，都是女方在耍性
子。男方百般容忍，耐心安抚。有一度，连女方自己都
混淆了，究竟是"你真的很爱我！"或是"你只是在维
持你最在乎的绅士风度！"

经过长时间的大大小小冲突，女方的观感渐渐从
"你真的很爱我！"转移到"你只是在维持你最在乎的
绅士风度！"

　　跟太爱面子的男人在一起，女人最终会感到无限失落。尤其，所有冲突最后的结论若是："你爱面子胜过于爱我！"的时候，女人既觉得被这份爱羞辱，也憎恶男人的自私。

　　但是，男人很可能一辈子都不会看透自己。"我只是不想吵架而已，跟面子有什么关系啊？"

　　两性的争吵，若陷入这样的迷思，还真是纠扯不清。如同"公说公有理，婆说你没道理！"想要真正化解纷争，必须回到感性的层面，彼此放弃"据理力争"的立场，以柔软心去感同身受对方的想法，才会有解决问题的共识出现。

　　至于男人为什么在该生气的时候，竟然可以憋住气。

爱面子，固然是可能的原因之一。但是，在更多时候，男人是在逃避冲突或是逃避问题。即使他面对的是很会耍脾气的女生，只要他对她还有一点爱，他就不想吵开。

而女人在争吵过程中，即使心底也感受到这个备受宠爱的时刻，却也常失去理智，得"宠"不饶人似的乘胜追击，最常听到的搜寻关键字是："不管啦，你今天一定要把话给我说清楚！"如果男人依旧保持沉默，女人只会更快抓狂。

男人常憋气，女人爱赌气！这种个案，发展到最后，来到我的面前，往往已经无解。正应验了这句话："冰冻三尺，非一日之寒！"

当女人哀怨着："我就是生气你的不生气！"时，

男人也已经忘了如何有建设性地发一顿可以有助于沟通的脾气——针对事实，说出感受，不伤害对方自尊。

我并不主张：女人把"吵架"当作"沟通"。但是，更不赞成：男人因为不愿意"吵架"，就永远不肯"沟通"。

情人相处时，难免会吵架，凡是负面的、有杀伤力的话语，坚决不说；希望对方能够理解的陈述，还是要另找适当的时间，平静而温和地说出来。

女生最该要避免的两件事是："得理不饶人"和"得宠不饶人"！只要你还想要继续爱下去，无论是不是解释得够清楚，就想办法先饶过对方吧！这也是放过自己的另一种积极的方式。

更厉害的武器

> 男人要练习讲甜言蜜语；女人也要及早学习辨别。如果女人过去很少听见甜言蜜语，碰到油嘴滑舌的男人，就容易"晕船"。

参加男女联谊交友电视节目录影，当天有个讨论话题是："练习说出一句甜言蜜语"，几位来宾以好奇的眼光等着现场这些看似木讷的男主角，临场能说出什么话语来。

大概是因为现场的女主角都很优秀，受到对面异性相吸的激励，这几位男主角顿时舌灿莲花，讲出令人赞叹的甜言蜜语，例如："在遇见你之前，我的人生是黑白的。""我真的不太会讲话，但看到你时，我会有想要打开话匣子的冲动。"……

光是看以上这些通过文字传达的意象，其实并不是非常精准，若是现场观察他们认真努力绞尽脑汁想创意的样子，比较容易被感动。

　　甜言蜜语，难的不只是字面的意义而已，最怕说话的语气带着油腔滑调，就会有反效果。甜言蜜语必须说得自然不做作，遣词用字也不能太过度，才能打动人心。火候控制不当，效果便会适得其反。

　　相较之下，"在遇见你之前，我的人生是黑白的。"这句话套用部分广告词，而且稍嫌夸张了点；"我真的不太会讲话，但看到你时，我会有想要打开话匣子的冲动。"这句话的诚恳度，就毋庸置疑了。

　　女人都喜欢听甜言蜜语；即使对方长相普通、阮囊羞涩，只要他愿意对她说几句好话，也能令她感动万分。但是，懂得恰如其分说出甜言蜜语的男人并不多见。因此男人要练习讲甜言蜜语；女人也要及早学会如何辨别。如果女人过去很少听见甜言蜜语，碰到油嘴滑舌的男人，就容易"晕船"。

有位单身已久的熟女朋友，突然陷入热恋，男方还比她小八岁。理智上她觉得彼此并不适合，但就是乐在其中，只因为男方的嘴很甜，令她无法招架。后来，她还被他骗了三十几万，维持不到半年的爱情告吹。朋友都为她打抱不平，她竟一点都不恨他，只说他很可怜。

甜言蜜语，是比性更厉害的武器。在爱情的战场上，攻无不克。即使男人老到生理的功能退废，光是那张会讲甜言蜜语的嘴，就可以迷倒很多女人。

绝妙的是，当女人碰到寡言的男人，他惜字如金，她就自动降低标准，连他喊她名字或昵称，她都觉得很甜蜜。如果你的男人连这点都做不好，你也就不必对他期望太高了。趁早觉悟，免得伤心。

爱用做的就够了?

> 男人忘了应该要先想清楚的是:她为什么要找我谈?有时候,女人只不过希望抒发情绪,找他发发牢骚而已,未必真的要他解决问题。

大多数的男人,很怕女人对他提出"我们需要找个时间谈一谈!"这个要求,他们会以为,如果女人对他说这句话,表示"问题大了!"甚至就是她已经铁了心,决定要跟他分手,才会说出这句话。

有个不满三十岁的年轻男子,前来询问这个问题。

女友对他说:"我们需要找个时间谈一谈!"

他不只问我"该怎么办"还很可爱地加了另一个问题:"如果要找时间,一天二十四小时之中,哪个时段最适合与她谈?"

或许是看尽人生悲欢离合,愈来愈觉得自己不适合回答这种问题。因为,我的个性太正经了;反而我那些损友的答案，比较具有参考价值。

损友 A 已经可以算是大叔了，他以丰富的把妹经验说："不用谈啊，直接给她吻下去就好！爱用做的就够了！"

损友 B 刚刚年过三十五，他以被女人甩过无数次的经验提供建议："绝对不要选她生理期的日子谈！"

损友 C 血气方刚，提供不花脑筋的答案："直接分手算了。"

我倒是觉得没有这么悲观，也没这么复杂啊。女人愿意主动说："我们需要找个时间谈一谈！"至少表示她还能保持理性，愿意好好沟通，总比情绪容易失控的女人，动不动就来个"一哭、二闹、三上吊！"好很多。

就算她决定要分手，总还可以好聚好散，不会歇斯底里或不告而别啊。

男人真的很怕被女伴约谈。因为当男人听见女伴说："我们需要找个时间谈一谈！"都会很快跳到"谈什么、怎么谈、何时谈"男人忘了应该要先想清楚的是：她为什么要找我谈？有时候，女人只不过希望抒发情绪，找他发发牢骚而已，未必真的要他解决所有的问题。

唯有那些已经劈腿多时又自以为隐藏得很好的男人，听到"我们需要找个时间谈一谈！"总是做贼心虚地抢先一步意识到：应该是被她发现了。

若确实如此，女人该做的，其实不是应该让他先想好——决定要跟谁分手？跟哪个在一起？而是自己该先有个盘算，才能找他谈出结果来。

否则，都是白谈。

好到令他有压力

> 不要因为碰到一个烂人，而改变你可以
> 对别人好的初衷。不要对爱情感到灰心，更
> 不要对自己失去信心，也不要对人性感到
> 绝望。

在爱情的世界里寻寻觅觅，你未必会奢求找一个最好的男人，但只要碰到喜欢的对象，你并不吝于扮演对他最好的那个人，至少愿意竭尽所能地对他好。可是，很多感情常结束于一个遗憾的句型，对方说："你太好了，好到令我有压力。"

你付出一切，换到这个结果，真是情何以堪啊！

"你太好了，好到令我有压力。"这句话中的好，可能有两种含义：一种是，你的条件太好，我配不上你；另一种是，你对我太好，我还不起。没错！无论是哪一种含义，这都不是一个正常男人该讲的话。

尤其，出自一个已经交往一段时间的情人嘴里，更是不应该。有些情绪管理较差的苦主，会直接骂出：

"这不是人话，是屁话!"

难怪这么叫人生气! 因为实在太不合理。

如果你条件太好，他觉得配不起，这个问题，应该在还没正式交往就发现了，而不是在交往几个月或几年后的现在。

倘若是你对他太好，他还不起。很显然地，是他吃干抹尽后，不愿意回馈，也不愿承担，想要落跑，才找的借口。否则，你又没有要求回报，只要他愿意接纳你的付出就好，难道这样也办不到?

于是，"你太好了，好到令我有压力。" 变得很伤人。在分手的时候，讲这句话，根本就是把爱情当儿戏。偏偏，还有痴情的人受到这样的伤害，还傻傻回来检讨自己：我究竟做错了什么？

苦主常自责地想：难道我不该有学历、不该有工作成就、不该拥有良好的人际关系？或是，我应该自私一点，早知道就不要对他那么好，不该把省吃俭用下来的钱为他花掉，还细心为他挑选贴心的礼物……这一切都只换来他说："你太好了，好到令我有压力。"然后，决定分手？

我只能说，你是好人，碰到烂人。如此而已！你唯一要记住的是：不要因为碰到一个烂人，而改变你可以对别人好的初衷。不要对爱情感到灰心，更不要对自己失去信心，也不要对人性感到绝望。将来，有一天，你终会碰到一个好男人，他或许条件没有很优秀，但真正懂得珍惜你的好，也愿意尽一切努力对你好。

　　而眼前这个人，他既然配不上你，也承担不起，就让他走吧，离开你远远的。或许他带走了你人生的某段时光，花掉你一些钱财，你却因此累积了更多经验，知道如何去判断一个人是否值得你对他好？

　　这是爱的代价，也是一种成长。

标示稳定交往中

> 即使老夫老妻相处二十年以上，都未必是真正稳定的感情；但只要有愿意稳定经营的诚意，就足够感动对方了。

网络上的社交平台很多种，但个人资料的标示中，有一栏是非常敏感的，那就是目前的感情状态："单身""已婚""稳定交往中"……

你是属于哪一种？你标示的状态是否属实？和你的心理状态一致吗？或是，你索性把它设定为隐藏？

我看到很多朋友的一种标示，非常耐人寻味，叫做："一言难尽"。很搞笑、很有创意、也很模棱两可。

不知道开发社群交友软件的工程师，本身的感情经验如何？至少，在我的观察里，无论"单身""已婚""稳定交往中"或"一言难尽"，还是不足以呈现真实感情状态的多样性，应该多加点别的。例如："正协议分手""处于疗伤期"……而以上多种感情状态，情人最在乎的一个就是"稳定交往中"。

因为"稳定交往中",的确可能是一种感情的状态;但更多的时候,是一种认真的宣示。尽管我们都知道,即使老夫老妻相处二十年以上,都未必是真正稳定的感情;但只要有愿意稳定经营的诚意,就足够感动对方了。

尤其是刚认识男友不久,才准备要正式交往的女生,会很介意对方什么时候要把感情状态标示为"稳定交往中",甚至指名道姓地联结到他的网页,表明交往的对象。因为那不只是一种声明,也是一种许诺!偏偏有些男生就是很皮,不肯老老实实表明自己的感情状态正处于"稳定交往中",更遑论是标示交往的对象了。

　　有个男性朋友明知女友很期待他这么做，以便在感情的世界里验明正身，并防止他继续在网络上招蜂引蝶。但他就是不肯轻易屈服，还编借口跟女友说："我是从事业务工作，要让客户有点想象空间。如果标示'稳定交往中'，老板和客户都会认为我只想谈恋爱，没有在工作上全力以赴。"

　　女友体谅他的顾虑，没有再给他压力。但她心中一直有个疑惑："要交往到哪种程度，男人才愿意定下来？"是"发生性关系"还是"论及婚嫁"呢？或许，这两个答案都很重要，但也都不是这些。而是男人感觉相处愉快，最没有压力的想跟她朝夕相守的时候。

　　直到半年之后的某一天，他渐渐发现自己深深爱上她，愿意安定下来，而自动地将感情状态那一栏改成"稳定交往中"，并且联结到她的网页。他水到渠成地做了这个小小的动作，终于成为她细水长流的感情中大大的惊喜。

嘴碎背后的性格

女人爱碎碎念，多半是因为身边的男人没有认真倾听，导致她必须一再重复讲过的话；男人爱发牢骚，比较多是因为对现实不满，尤其是感觉自己怀才不遇。

听说过这样的说法吗？碎碎念，似乎是女人的专长；尤其是熟女，特别爱碎碎念。

以上论调，根本就是对女人的大不敬，直觉上就是充满性别歧视。但是，也反映了某种现实，也就是我们长期以来对性别的刻板印象。真实的状况应该是：女人，爱碎碎念；男人，爱发牢骚。这个现象，跟性格有关，与性别无关。

女人爱碎碎念，多半是因为身边的男人没有认真倾听，导致她必须一再重复讲过的话；男人爱发牢骚，比较多是因为对现实不满，尤其是感觉自己怀才不遇，有志难伸的男人，发起牢骚来还挺吓人的。

我在客户的办公大楼搭电梯时，巧遇一个年轻男性上班族，平日看起来温和有礼、友善亲切。若是擦身而过，打个招呼，还令人感觉蛮自在愉快的。

但是，见过几次面相熟之后，他打开话匣子就滔滔不绝，内容都是骂主管、说同事，虽然每次主题不尽相同，令他不满的事情，大概就是那几项，他总有本事，将它翻来覆去，说个没完。

刚开始的时候，基于礼貌，我还认真听他讲；几次下来，我感觉被他疲劳轰炸，就有点害怕再遇到他。

毕竟，我只能倾听，也无助于他解决问题。更何况，他一点都不想解决眼前的问题，也不想改变自己的心境和处境，我就真的爱莫能助了。

　　一位个性比较开放的年轻女性友人，很直率地跟我分享，她说："很多传授两性交往守则的书，都警告女人，不要在床上碎碎念，否则男伴会顿时失去兴致，无法进行亲密关系。才怪咧！男人嘴碎才可怕好不好，那可是会逼我逃下床的。"

　　听到这里，你认为是谁会逼女人逃下床？是嘴碎的男人吗？

　　真正的答案，并不是嘴碎的男人，而是他心里藏着的那个不成熟的小孩，他既不安又依赖，别说是让身边最亲密的女人想逃跑，其他朋友应该也受不了。

　　而最令人无法消受的，其实并不是嘴碎的本身多么令人讨厌，真正的原因是：嘴碎的背后，反映出这个男人从不自我检讨，只会推诿责任，千错万错都是别人的错，或借由贬抑别人抬高自己身价，这才是最难堪的一面啊。

不够勇敢才借酒壮胆

自称个性很"坚仔"的人，最好在感情
上也不要有太逞强的念头。否则，一时的勇
敢，若不能持续成为坚持的力量，再美好的
爱情都只如昙花一现。

他喜欢她很多年了，一直把这份感情深深埋在心
底。直到有一天他和同事去日式居酒屋买醉，醉言醉语
中谈到他的暗恋，在朋友瞎起哄的鼓动下，他果然在回
家后，趁着还有"三分清醒七分醉"的酒意中，打电
话给她，做出生平第一次爱的告白。

当时，女孩非常感动，也答应跟他交往，看来很美
好的一件事，却因为他隔天早上起来忘光昨晚所讲的
话，而变成双方都很糗的经历。

直到她跟他一一详细核对每一句话，他还尴尬而疑
惑地说："有吗？我真的连当兵时有男生跟我告白这件
事都跟你说啰？"让女孩觉得既好气又好笑。

尽管他还是很想正式对她展开追求，却已经被她大

大扣分，把原本浪漫的告白，打入"留校察看"的阶段。

自认为个性很"竖仔"的人，最好在感情上也不要有太逞强的念头，尤其是"借酒壮胆"，就更没必要。否则，一时的勇敢，若不能持续成为坚持的力量，再美好的爱情都只如昙花一现。

还有一种男人，常被称为"夜店里的勇士，白昼中的懦夫"。他在日常生活中，温文儒雅，谦和有礼，就是个翩翩君子；晚上到了夜店，几杯黄汤下肚，就变成一个勇士，不但讲话大声，而且什么样的话都敢讲，看到喜欢的对象也敢搭讪，让同行的友人都直呼不可思议。

　　相熟的朋友就当作是让平日压力太大的他短暂放纵一下，反正离开夜店，酒醒之后，他就会被打回原形。

　　倒是那些刚认识的美眉，都无法理解这个白天和黑夜判若两人的男子，究竟哪个才是真正的他？

　　这些会"借酒壮胆"的男人，都是因为平日太压抑了，透过酒精的作用，发泄内心的压力。看他喝得豪迈、说得爽快，反而旁边醒着的人难以判断，他是"酒后吐真言"，还是"胡言乱语"？

　　无论这个困惑是发生在感情的对待或是友谊的相处，只能说：认真的人，比较容易输。别把男人酒醉时的话当一回事，根本不用费心去猜测他究竟是"酒后吐真言"还是"胡言乱语"，等他酒醒后彼此都可以云淡风轻。若真的有话要说，就等他清醒的时候，鼓起真正的勇气，再说吧！

或者，以足够的时间与温柔，换取他的信任，只要他能够放下心防，不需要任何勇气，就能打开天窗说亮话。

男人喝醉变很"卢"

> 常喝醉酒的男人，跟品格高低、有没有暴力倾向、会不会借酒装疯并无绝对的直接关联。但可以很确定的是，他内心有很多需要疗愈的创伤。

从男人喝醉酒的样子，可以看出什么？他的品格高低、有没有暴力倾向、会不会借酒装疯或是否会说出压抑很久的真心话？

以上推测，通常是两性专家纸上谈兵的说法。如果你的至亲好友中，有人是"醉仙"或"酒鬼"，就会推翻这些可能的逻辑。男人喝醉酒以后，跟女人穿起比基尼很像，姿态万千。

酒醉之后，男人的千百种姿态，简单归纳如下：有的男人，直接昏睡。这已经算是酒品好的最高等级。有的男人，胡言乱语，醒来忘得一干二净。有的男人，一阵翻胃搅肠，口吐秽物，弄脏全身。有的男人，挥拳舞掌，不是打伤别人就是被别人打伤。

　　而更多男人酒醉，是以上各种排列总组合的综合版。跟他的品格高低、有没有暴力倾向、会不会借酒装疯或是否会说出压抑很久的真心话并无绝对的直接关联。你要是跟他认真计较，就是自找麻烦。他清醒后，彻底装傻，然后无辜地问："你怎能如此计较，跟一个醉汉？"后来，你终于也分不清楚酒醉的他和清醒的他，哪个才是真正的他。

　　平日喜欢小酌的好友大猫，感叹地说："男人很'卢'？喝醉的男人更'卢'！某些男人在陷入酒醉之前，有段时间会开始掏心掏肺地说话。每当他们想用喝酒的几个钟头把大半辈子的好事、烂事、鸟事、伤心事……都讲完，你就知道，那会是一个刻意想把自己灌醉的夜晚。"

　　大猫自问自答说：酒醉的男人，很可怜吗？并不。他厚厚的眼袋，装满过去颓废的日子；突出的腰围，藏着他的贪得无厌。

　　所有经常靠酒精催眠自己的男人，其实既不可怜也不可爱，只是一直还没有长大。不论他的外表有多坚强，他的内心都有很需要照顾的一面，以及很需要疗愈的创伤。你若坚持要爱上他，需要有跟他一起醉的打算。或者，和他的"卢"，天长地久相伴。

不准离开我

> 相聚，别离。无可避免地，会是人生的
> 常态。"不准离开我!"只能是在感情美好阶
> 段的一个要求、一个期许，可以认真，不能
> 绝对。

他是个有过感情失意经验的男人，曾对生命中最在意的女生付出一切，换得人生最惨痛的经历。

感情空白五年后，遇上人生的另一个真爱。还处于热恋期中，一次朋友聚餐后送她回家，带着三分酒意，轻声对她说："不准离开我!"她感受到一种强烈被占有的幸福，顺势被他紧紧拥在怀中，娇嗲地回应："傻瓜，我怎么会离开你。"

相聚，别离。无可避免地，会是人生的常态。"不准离开我!"只能是在感情美好阶段的一个要求、一个期许，可以认真，不能绝对。

有些男人脱口而出的话语，很难从其文字表面看出真实的意义，对方说话时的情境和语调，决定了它的含

义，听话的这一方也要能有所理解，才不会产生误会。

感情浓烈时讲的"不准离开我！"尽管看似措辞强烈，却很明显的是甜言蜜语。换个场景，有时候"不准离开我！"会是很哀求的语气，在用尽一切心力，却还留不住对方的当下，祈求对方回心转意。但是，通常这个时候，感情多半已经发生了变化。

男人说："不准离开我！"这句话，被用于最不堪的对白，其实是在暴力的情绪里。有位女性朋友，走到感情的尽头，曾经以为可以跟男友好聚好散，偏偏没有想到对方恼羞成怒，并以死相胁。这时候的"不准离开我。"已经变成惊悚句！

暴力型的情人，常有极端的性格，而且隐藏于温柔的表面之下，无论是言语的或肢体的，有时针对自己施暴，有时伤及对方。

如果"不准离开我！"终结于互相伤害的悲剧里，未免太辜负这句话起始的甜蜜。

与其是这样，此刻不如把"不准离开我！"礼貌婉转地改说成："请你不要离开我。"或许它无法改变最后必须面临分手的结局，但至少在说完"再见"的哀凄之余，留下曾经为爱做过的最后一点努力。

PART—3

先洞察生理，再掌握心理

男人想要的亲密关系，常只聚焦于肉体；只要懂得：先洞察他的生理，再掌握他的心理。

爱在身上留齿痕

无论是"种草莓"或"留齿痕",即使是在最激情的时候,还是要弄清楚对方的动机,才不会让热爱的痕迹,变成遗憾的印记。

小时候,我曾经被一条大狼狗狠狠地咬过,小屁股留下它深深的齿痕。乡下地方,紧急送医处理着实大费周章,使得当时已经受到很大惊恐的我,对这件事更加印象深刻。我以为那凹陷的齿痕,应该会一直留在皮肤上。但长大之后,它已经渐渐消失。连那份惊恐的感觉,也随之淡去。

时间可以冲淡一切。后来的人生发生过更多比被狗咬到还要惨烈的事情,于是将它掩盖过去。

最近有位女孩跟我说,她的男友原本很斯文,无论平常生活言行或是发生亲密关系时,都很温和;但这几个月来,在床笫之间变得很热情,常常轻轻咬她,有时力道过猛,留下血红的齿痕。

　　有些男人确实闷骚，从小被教育得正经八百，必须要交往到两个人都很熟悉、很信任、也很放心，才会彻底解放出自己最原始的本性。如果他的状况如此，她真的没有什么好担心，只要没有造成严重的皮肉之伤，就好好享受吧。

　　不过，另外也有一种男人，是爱到很不安的程度，才会在激情的时刻，以"种草莓"或"留齿痕"的方式，企图宣示自己性爱的主权。

　　其中"种草莓"和"留齿痕"，还有程度不同的差别。"种草莓"彰显爱的痕迹，维持的时效比较长久；"留齿痕"烙印爱的记号，当下的感觉比较深刻。

　　无论是"种草莓"或"留齿痕"，即使是在最激情的时候，还是要弄清楚对方的动机，才不会让热爱的痕迹，变成遗憾的印记。

　　真正让相爱的两个人可以永志不忘的，其实都不是"草莓"或齿痕；而是彼此用心对待的某个微小的片刻。在寒冷的冬天，把冰冷的小手握成永恒的温热；在挫折的角落，把伤心的泪水拂为勇气的泉源。

　　或是，相对的，其中一方的背离让另一方心碎。这种深刻的痛苦，让原本的爱扭曲成为恨的样貌，令人不忍回首。

　　等到我们渐渐长大，才会知道所有的痛苦与快乐，都像被咬过的齿痕。它将随着岁月淡去或深刻留在心底，关键不在于它当初留下这个痕迹的力道，而是自己的复原力。只要你愿意怀着感谢看待过去，爱恨都有正面的意义。

亲吻不能随便给

执意要把亲吻保留给他真正爱的女人，只是贪玩男人心中一种虚拟的高尚，希望赤裸地展现欲望后还能有点自尊，让别人觉得他还不算淫乱而已。

她在网络聊天室里，偶遇一个号称自己正和女友冷战的男人。

交友经验丰富的她，并不打算探问虚实。当男人心痒难耐的时候，什么借口都有。一个男人若想在外面乱搞，发泄自己的兽欲，"正和女友冷战"和"精虫冲脑门"相较之下，哪一个出轨的说法会比较高尚呢？其实，难分轩轾啊。

是的。她打从心底，看不起这些男人。于是，她想调皮地耍弄他，看看他会露出什么样的真面目来。经过两个小时的挑逗与暗示，她下最后通牒："好吧，让我们亲亲抱抱就好。"

计算机屏幕那端，传来令她惊奇的回答："你很寂

寞喔？想要抱抱的话，可以啦！但是，我先声明：亲
吻，不能随便给。我不随便跟女孩舌吻，那必须保留给
我正牌的女朋友。"

即使她交友经验十分丰富，碰到这样冠冕堂皇的说
法，内心还是有被震撼的感觉。心想："这年头，真的
还有这样思想放荡、行为保守的男人吗？"

因为她实在太好奇，答应约见的两个钟头后，终于
真相大白。

这男人真的没有跟她接吻，但其他部位所有该碰
的，都碰了。该做的，也都做了。刚开始她对这男人保
留的一点点尊重，也在赤裸之后毫无遮掩地被消磨
殆尽。

执意要把亲吻保留给他真正爱的女人，只是贪玩男人心中一种虚拟的高尚，希望赤裸地展现欲望后还能有点自尊，让别人觉得他还不算淫乱而已。

"不随便跟人接吻"这应该是传统小说中针对青楼女子的一种说法，她们被迫卖身，只好把亲吻当作给未来伴侣最后的尊重，而不随便献给客人。

这个晚上，她万万没想到，碰到这个在网络上寻欢的男人，也会搞这一套，算是见识到了。

事后，她转述这段话给好友听，大家劝她想开一点：就当这男人有严重口臭，没跟他亲吻，可说是逃过一劫。

管紧他就不偷吃

> 爱情，是易碎品。若是捏得太用力，很
> 容易破碎。但是，偏偏有些男人算是骨头
> 贱，没有好好看紧他，就会犯贱。

有一种男人，可"束"性很高。这里所指的方式，并非将他塑造成某种样子，而是他喜欢被严格管束，只要女友管他愈紧，他就表现愈乖。

这是爱情规则的一个例外。大多数个性成熟的恋人，都知道：懂得自律自爱，才会赢得长久的幸福。爱情，是易碎品，若是捏得太用力，很容易破碎。但是，偏偏有些男人算是骨头贱，没有好好看紧他，就会犯贱。反之，用紧迫盯人的策略，把他弄到快要窒息，他就变乖了。

我的朋友之中，就有这样的典型。姑且隐去其名，代称为 R 先生。他之前的几段恋爱，表现得很糟，结束后的口碑很差，几乎已经成为人尽皆知的花心哥。后来

在网络上认识这一任女友之后，交往几个月，简直判若两人，变成令大家都难以置信的乖乖男。

更不可思议的是，他每天下班准时回住处报到，不敢滞留在外面鬼混；若要加班一定会提前通知；放假日都提前规划，到处游山玩水；而且还改变睡眠习惯，不到三十岁就懂得要养肝，力行早睡早起……朋友们想要约他出来喝杯咖啡、聊个天，都很困难。

大家很好奇，他怎会有如此大幅度的改变。他主动向我们坦承：是因为她管得很严、看得很紧。

尽管已经出版超过一百本书，但我很不喜欢在朋友之间以"感情专家"自居，没想到却有人比我爱管闲事，跳出来以权威的姿态指称：她一定长得很美、条件很好，才能让他以这么例外的方式相处及对待。

这或许是可能的原因之一；但另一种可能，则是他真的骨头贱，管他愈紧，他才愈乖。

童年的成长经验，会被复制在男孩长大后的人生里。观察男人的成长过程，就会在从小被严格管教的孩子身上，看到两种很极端的现象。有一种是在青少年时期就变得很叛逆；另一种是长大后还渴望被管束。前者，急着冲撞体制以追求独立的自我；后者，回头寻找过去熟悉的对待方式，怕忘掉当时的自我。

"把男人看紧一点，他就不会变坏？"这个问题没有标准答案，只能说是因人而异。但若你碰巧遇到一个特别需要管束的男人，即使你认为自己管理能力很强，可以把他管得很乖，但你在驯服他的同时，会把自己搞得很累，未必是好事。

女人，可以陪着男人一路去寻找他的自我，但千万不要在过程中委屈得失去你的自我。

如果你想驯服男人，请永远记得：管得紧，不如管得巧！适可而止就好。女人不该把时间和心力浪费在管束男人身上，那是他妈妈该扮演的角色，不是女伴应有的作为。而且你一定要小心，当你成为男人心中的另一个妈，他就对你失去了"性"趣。

拒绝出轨了不起

情人吵架，不是在事件本身的逻辑，而
是彼此在意的重点不同，通常不是谁对谁错
的问题，而是你能不能弄懂对方最介意的是
什么，愿意理解对方，才能真正沟通。

小美给我看她的手机，通讯软件里密密麻麻的对话
方块。原来是因为昨晚和男友有些小口角，希望我评
评理。

通常碰到这种状况，我只能尽力倾听她的委屈，很
难出上什么具体的主意或给她任何建议。并非只是基于
"清官难断家务事"的理由而已，更重要的是情侣争吵
若牵涉到各自的价值观，唯有当事人静下心来慎重自我
反省，才能看清冲突的本质究竟是什么。

她和男友这次的争执，起因于一句玩笑话。她说：
"你什么都好，但就是坏在条件太好，诱惑太多，我担
心你会背着我花心。"本来只是打情骂俏的对话，却引
来男友深深不悦。

冷战两天后，男友竟传讯给她："老实告诉你，那天你说我花心的事，我很不开心。其实最近几个月，确实有好几个女孩想跟我发生亲密关系，都被我拒绝了！你居然还说我会花心。"

"拒绝发生亲密关系，了不起喔?!"这是小美的本能反应。

女生总认为，两个人彼此相爱，保持精神与肉体的忠诚，根本就是必备的基本条件，有什么好拿来说的呢？男人却常觉得，自己能够不出轨，就是为这份感情做出很多让步及牺牲。你觉得这就像是基本底薪，本来就该有的；他却觉得是多给的年终红利，简直就是看得起你才会慷慨大放送。在尚未明白男女想法大不同之前，她为此很不开心。

男友跟她正式交往之前，几年来并无固定女友，倒是因为线上游戏认识不少网友，其中有几位后来发展成纯粹性爱关系，当彼此生理有需要时，就约出来解决，平常不会联络，只有在网络上遇到时，简单打个招呼。若有生理需求时，才会约见。简单而言，在他的定义里，这几个女生就是他的情人。和小美交往以后，他确实就没有再答应发生亲密关系。朋友嘲笑他："为了一杯牛奶，放弃一座牧场。"他也接受了，没想到小美还不相信他。

女生在意的是：两人对于交往必须"彼此忠诚"，这只是基本底线，也是彼此该有的共识，根本没有什么了不起。男人气愤的是：自己已经刻意守贞，却还被怀疑。

　　情侣的争议，往往不是在事件本身的逻辑，而是彼此在意的重点不同，通常不是谁对谁错的问题，而是你能不能弄懂对方最介意的是什么，愿意理解对方，才能真正沟通。

宾馆比他家安全

即使在两厢情愿的前提下，要和感情基础不够深、对未来承诺不够肯定的对象约会或发生亲密关系，地点的选择很重要。

每次媒体报道淫狼拐诱女子回家骗色的新闻时，读者看到歹徒当时所持的理由，都会感到不可思议，甚至怀疑这会不会根本就是"一个愿打、一个愿挨"演变成"刚开始两厢情愿，事后谈不拢而翻脸"的糊涂事——因为女孩单独赴约前往男人住家的理由真的太离谱了。

男方邀请女生到他家喂食宠物、帮植物浇水、一起看 DVD、喝杯饮料、看一本书……所有的理由，乍听起来并不千奇百怪，而且算是很平常的，但事后发生不幸事件时，重新推敲过，就会发现：那些理由都是很刻意在为认识不深、感情基础不够的一对男女，胡乱制造独处的机会，接下来要发生什么事，以"事后诸葛亮"

的乌鸦嘴来说，还真的是"司马昭之心，路人皆知"，若以严苛一点的角度来剖析，根本就是"醉翁之意不在酒"，但是当事人却误信为真。

后来如果真因为初次约会理由太离谱，而发生被性侵、被偷拍等遗憾的事，女孩觉得很委屈，却未必真的会获得同情。

即使在两厢情愿的前提下，要和感情基础不够深、对未来承诺不够肯定的对象约会或发生亲密关系，地点的选择很重要。若说得露骨一点，宾馆都比他家安全。至少，一般稍具品牌知名度的宾馆，会有专人维护管理，还有防针孔偷拍等定期检查，甚至提供保险套，让双方都可以多得到一层保护。

　　去宾馆约会的缺点，就是要花钱。但对方若是贪图鱼水之欢，却连这个钱也要省，对爱情抱着浪漫幻想的女孩，就可以看清他把你当作什么了。你很容易沦为对方不必预约、不必花钱、随叫随到、想要即有的性爱工具。

　　唯一例外的可能就是：你们真心相爱，确定是一对一交往，百分百信任彼此，并且已经具体承诺未来。在这个前提之下，无论是你家、我家或宾馆，除了花钱，就都没差。

　　相对地，若只是刚开始认识，尚未确定是否真心相爱，彼此也没有承诺是一对一交往，无论选择在哪里发生亲密关系，都隐含着极高的风险。除了身心受到伤害，也可能从此对爱情蒙上阴影，留下很难磨灭的创伤。就算决定的当下，是你情我愿，激情过后的空虚，常令人后悔莫及。

莫非他想借腹生子

谈一段好的恋爱，本身已经不是简单的
事了；若还有生儿育女的繁琐扯进来，当然
很难爱得纯粹。

很多未婚的年轻女孩告诉我，男友在激情高昂的时
候，从不认真想清楚安全防护措施这些事。发生亲密关
系时，全凭一时冲动，都是要她再三提醒，甚至拉下脸
来坚持态度，才肯戴上保险套。

有个特别的例子，女孩的男友从不妥善避孕，让她
有点担心。她提出自己的隐忧时，男友非常潇洒地说：
"怕什么！有了我就娶你啊。"坦承当年还不够成熟的
她，听了这句话，非常感动。当下觉得男友很 Man、很
有担当，气氛被营造得很温馨，让她投入更深感情，完
全忘记自己和男友都没大学毕业。

后来发现真的怀孕时，双方都吓呆了。为了不同的
处理方式，产生很多争执，最后结果是她休学一年，把

孩子生下来，交给男友的爸妈带。男友入伍当兵，她继续完成学业，至于两个人会有怎样的未来，她根本不敢想。

她冷静下来后，感觉男友和他的家人，都只是想借腹生子似的，完全没有考虑她的立场及感受，让她对这段感情很灰心。几年后，他们还是分手了。

谈一段好的恋爱，本身已经不是简单的事了；若还有生儿育女的繁琐扯进来，当然很难爱得纯粹。如果没有充分准备好，别说是这种未婚的年轻男女了，连已婚的夫妻，感情都会因此而受到影响。

曾经听过一个说法，现代人采用很多人工生殖方式，完全混乱了上天原本排定的生产线。有些早该生小孩的夫妻，因为长年避孕，而导致原本要来他家报到的婴儿等了很久无法投胎；另一些尚未轮到要有小孩的夫妻，却因为人工受孕而有了小孩。

无论流传到你耳朵的版本是哪一个，因为毫无科学根据，请当作笑话一则，不用当真。只不过，当你面对生儿育女这种人生大事的时候，无论未婚或已婚，都要请你谨慎思考，内心真正想要的是什么？

一项针对夫妻生活满意度的调查指出：九成夫妻对婚后第一年的生活感到满意；第二年后满意度就开始直线下降。有了小孩后，夫妻对婚姻的生活满意度下降更快，主要原因是：养育小孩将牵扯更多的夫妻争吵问题及婆媳的相处问题。

　　难怪那位女孩感慨万千地说："或许，纯粹当个代孕者也不错。交货后，拿钱走人，就什么也不用管。"

　　当你的男伴上床前就一直说他很喜欢小孩的时候，甚至因此而从不肯避孕，却又没有具体的结婚或生育计划，甚至动不动就说："怕什么！有了我就娶你啊。"你可得认真想想，他真心爱你吗？还是，他只是贪图生理的快感，或是根本不想负责任。会不会，就算他不排除有小孩，充其量只是想借腹生子，把你当作代孕者呢？若他是认真想要拥有感情、维系婚姻，就要更用心去付出及经营，而不是嬉笑怒骂地说："怕什么！有了我就娶你啊。"

分辨他的"找伴"动机

> 从前传统的爱情观，都把"年老时互相照顾"当作浪漫的宣言；或许到现在还是可以感动很多人，但前提是你自发性地愿意照顾对方，而不是期待对方照顾你。

才刚听到一位被戏称为"色鬼"的朋友，承诺要改过自新；时隔不久之后，又得知他重新开列的征友条件之一，竟是"寻找床伴"时，当场很想打他的头。

不只我的反应如此，在场的朋友都同声挞伐。

不知道是他反应太快，或是真心悔改，立刻补充解释说，所谓的"寻找床伴"，是指"年老生病时，可以彼此守在床边照顾的伴侣。"气氛立刻扭转，变得温馨浪漫。

唯有快言快语的我，实在很难苟同，忍不住要吐槽地问："究竟是你想照顾对方，还是想要对方照顾你？重病时若担心拖累伴侣，何不找看护还比较专业？"

从前传统的爱情观，都把"年老时互相照顾"当作浪漫的宣言；或许到现在还是可以感动很多人，但前提是你自发性地愿意照顾对方，而不是期待对方照顾你。

　　而且，就算你真的很愿意照顾对方，也不要把话说太快，先别说心意会不会改变，等你年龄到了、体力差了，就会知道什么叫作"心有余而力不足"。即使，心力都没问题，对方也会很舍不得要你当看护，毕竟那是很累人的工作。根据统计，多数担任照护者的伴侣，都有忧郁的倾向呢！

　　所以说，"寻找床伴"不是值得鼓励的征友条件，无论意有所指地是要找性爱方面的玩家，或是可以担任老年照护的专家，都会让感情关系变得复杂。

　　更何况，还有很多男人征友时，不由自主地把"寻找彼此可以照顾到老的伴侣"当作幌子，或许那是他心底的终极期望之一，但是在他体力衰老以前，还是会想要玩遍千山万水，他只是预约一个可以苦守寒窑十八年的王宝钏，让自己在病倒之前，可以玩得更尽兴而已。

　　偏偏就有很多傻女人会上当，一听到"寻找彼此可以照顾到老的伴侣"，就被感动，完全忘了分辨对方真正的动机，到后来往往后悔莫及。

　　当男人说他要找的是"彼此可以照顾到老的伴侣"时，他未必故意要欺骗你，而是他之前已经先骗过自己。女人还是不要轻易把此话当真吧。

爱不能勉强做

> 男女之间的互动，真正有趣与否的关键，并不在于采取哪一种方式，而是彼此是否心甘情愿，没有任何一方感觉被勉强！

一位熟女朋友自爆闺房秘事，说丈夫曾经邀她上宾馆享受夫妻情趣，还邀请按摩师帮她做 SPA 芳疗。

听到这里，人生经验有限的小女生投以幸福的眼光，羡慕她有如此贴心的好老公；稍微有点阅历的轻熟女眼神迷离，大概预测到接下来的剧情有点限制级。果然，事情不单纯啊！

当场丈夫示意按摩师可以和她继续发展下去，他愿意多付钱满足太太的情欲。此刻的她感觉仿佛回到十八岁那年，口口声声说不要，内心却矛盾不已。

她自己没想要这样的刺激，但不妨看看这两个男人可以变出什么把戏，最后脑海浮现恶心的画面让自己胆怯，终于在最后一刻把按摩师请走。

接下来的任务，还是让丈夫亲自完成，但彼此之间尴尬的感觉已经挥之不去。

根据来自加拿大蒙特利尔大学（University of Montreal）的一项针对平均年龄为三十岁男女性爱偏好的研究发现：多数男人喜欢 3P；女性有 SM 倾向。有六成女性偏好在性爱中表现"服从男性"的行为，例如被打、被绑。而男人则渴望 3P，甚至想要看到妻子和别的男人做爱，寻求感官刺激。

我要分享的重点，并不是性爱的调查结果。即使这项调查有根有据，并不能以偏概全地说，所有的男女都有以上的偏好。比较有趣的发现是：原本我们都以为西方国家的男女，从小接受"两性平权"的教育，在床第之间的互动会公平一些，没想到以上调查提及的互动方式并不符合"男女平等"的原则，却可以为彼此带来乐趣。

但是，男女之间的互动，真正有趣与否的关键，并不在于采取哪一种方式，而是彼此是否心甘情愿，没有任何一方感觉被勉强！

很多东方女性习惯委曲求全，无论是在生活中或在床上，都一味地讨好对方，而不正确表达自己的主张。女性采取这样的态度，对男人来说也不尽公平。因为男人始终搞不清楚，女人究竟在想什么？两性相处，双方可以尽量配合，但不要失去自我。

女生常有以下的疑惑："男人在床第之间，花样百出；创意无穷，我该尽力配合吗?"其实闺房乐趣，是很私密的事，只要没有犯法或伤害身体，关起门来，你们想怎么做都可以！比"该不该配合对方激情演出"更重要的是，"自己想不想要?"搞清楚，你纯粹是为爱而百般讨好他还是自己也有享受到乐趣? 毕竟，你要什么、不要什么，总要找适当的时间与机会说清楚，千万不要让彼此在误会中过大半生，还怨叹自己不幸福。

怎能把暧昧当作喘息?

俗称为"打嘴炮式"的调情,可以很随心所欲而不逾矩,彼此都知道,这一切都只是口头上的嬉闹而已。既不会付诸行动,也不会为此担心烦恼。伴侣面临感情的疲乏期,若是靠这样的模式喘息,还是适可而止吧。

一位好友,神秘地跟我分享,说他最近才开始懂得享受调情的乐趣。此言一出,令我大感失望。在我的两性观察名单中,已婚而且拥有幸福家庭的他,是少数还能继续留存于"新好男人"之列的异数,难道连他都要因为进入"前中年叛逆期"而沦陷?

事实果然非常残酷,虽然不如想象中的严重,但真的也难以回到当年的清白。原来,自从他换了智能型手机,使用不必按次数付费的聊天软件,就常有暧昧的对话来来往往。

跟他搞暧昧的对象,当然并非他的老婆。自从手机聊天软件普遍发达之后,历年来曾经短暂心仪,却被理智克制发展的孽缘,如今很容易在熊大和小兔互相拥抱的图案里借尸还魂，勾搭着彼此想要挑逗对方的情趣。其中包括失散多年的前女友、推销过高级住宅的女性业务员，以及离职多年的女秘书……

他炫耀地拿着手机里的对话给我看，见到我严厉的眼光回应之后，识趣地收手，忙着解释说："我又没跟她们怎样！仅止于此而已！"接着我马上听到他的手机里传来"叮咚"的声音，他立刻按了"小熊撒花"的图案回去。

"很好玩喔！"我故意调侃他！没想到眼前这位已经身居高职的金融业高层协理，还乐于玩此幼稚的游戏。他津津乐道地分享中年调情的乐趣，谬论如下：这种俗称为"打嘴炮式"的调情，可以很随心所欲而不逾矩，双方都知道，这一切都只是口头上的嬉闹而已。既不会付诸行动，也不会为此担心烦恼。不像年轻时的搞暧昧，会因为不确定发展到什么程度而患得患失，甚至伤害彼此。

站在他的立场，或许言之成理。但我相信，他老婆若知道，铁定会抓狂，甚至闹离婚。

智能型手机里的聊天软件，对热恋中未婚男女而言，肯定是伟大的发明之一；对于老公不安分的熟女老婆来说，很可能是天敌。除非，她也开始享受和婚外男子，享受语言调情的乐趣。

伴侣面临感情的疲乏期，若是靠这样的模式喘息，是一种悲哀，还是适可而止吧。

PART—4

他是有情趣，还是不安分？

浪漫与花心，有时很难区分。老实和安定，也不完全能
画上等号。好坏的一线之差，往往在你的一念之间。

随意给美女点赞

> 明明有论及婚嫁的女友，还故意伪装成单身，并积极拓展和异性交友的空间，虽不能因此断定其为"花心"，但很显然他对这份感情不够专一。

如果你发现对方兴趣广泛、交友多元，这样的人还能继续交往吗？这是她近日的困惑。平日给足男友空间，却被好友提醒："难道你都不管他？拜托你去看看他的脸书吧！"

刚浏览几分钟，还没发现什么端倪；朋友来电提示，才知道问题出在哪。他不但没有标示自己的感情状态，还新增很多辣妹朋友，甚至在巨乳女优的粉丝网页点"赞"！

基于她的处世态度以及对感情的信任，很容易说服自己："这没什么啦！就是在网络上的虚拟世界交几个朋友，看看美女辣妹图片嘛。"可是朋友提醒她："对一般单身男子而言，这当然没有什么；但如果是已经和女友论及婚嫁的男人，就不太应该了，就算他自己把持得住，却容易被误会啊。"

　　这个说法，确实成立。回头检视男友疑似犯规的三个动作：在巨乳女优的粉丝网页点"赞"反而是情节最轻微的，已婚男人可能都会这样做，反正那是男人可望而不可即的对象，倒是"没有标示自己的感情状态""还新增很多美女"这两项，比较可议。

　　明明有论及婚嫁的女友，却故意伪装成单身，并积极拓展和其他异性的交友空间，虽不能因此断定其为"花心"，但很显然他对这份感情不够专一。

　　要不要正式跟男友提出抗议，请他有所节制呢？

　　这个问题，经她深思过后，决定暂时放下。

　　与其引发无谓的争吵，被贴上"妻管严"的标签，不如持续观察就好。这是价值观问题，如果彼此真的不合适，勉强在一起也不会快乐。

　　幸亏她还真是很想得开，感情的事真的强求不来。如果对方不知理亏，继续我行我素，辩称"交朋友、喘口气，又没怎样。"只会闹到双方不愉快。还不如等时间到了，转身自行离开。

　　这种男人在感情上不肯安于"死会"（指已有对象）状态，不断借由小动作来表现自己还有机会，最可议之处，倒不是他的不安分，而是他对女伴的不尊重，就算没有实际的出轨行为，也已经是很严重的犯规。表示他对感情不负责任，很难给女生带来安全感。

不去夜店未必乖

除了出门去实体的夜店之外，虚拟的网络聊天室是更容易发生一夜情的所在。不必出门、不用付钱、不必废话、不会纠缠，你情我愿。

刚开始谈感情的时候，我们常常很在意从对方口中说出的关键词；然而，最后也常被这几个关键词所伤。问题不在于这些关键词，具有多大的杀伤力，而是你对它太过度的在意，让你失去该有的理智。

她的上一段感情结束的原因在于前男友爱上夜店。那里的诱惑很多，男人的意志力相对薄弱。刚开始，男友都会邀她一起去，和朋友喝酒聊天作乐。她不喜欢吵闹的音乐、复杂的人群以及饥渴的眼神，应付地去过两次之后，就不再参加。

渐渐地，前男友单枪匹马去玩乐，偶尔禁不起诱惑，她当然不能接受。不必吵架，就直接分手。

失恋两年多，听见另一个追求者说："我从来不去夜店!"她的心就轻易被征服，忘了其他的考量。

　　这男人身材健壮，能言善道，学问渊博，看起来心地还算善良。跟她很像，因为前一段感情遭到背叛，对新的恋情既期待又怕受伤害。他说："有过几个女孩跟我告白，原因都是我给她们安全感，大概是我从来不上夜店吧?"

　　"那你为什么没有跟她们安定下来?"

　　"因为我在等你出现啊!"果然是个说话技巧高超的男人。

　　她忘了问："如果你这么宅，又不上夜店，那几个对你告白的女孩，是从哪里来的?"

　　答案再简单不过，只是对方未必坦白说。除了出门去实体的夜店之外，其实虚拟的网络聊天室，是更容易发生一夜情的所在。不必出门、不用付钱、不必废话、不会纠缠，你情我愿。

当一个男人自信满满地宣称"我从来不去夜店"时，只能说明他不爱出门、很怕吵闹、不想花钱，最好不要把他对感情有洁癖或他很清白，直接画上等号。

观察男人，不能只看表面，才不会盲目地相信。与其说是被对方推托的话语欺骗，不如说自己因为太害怕某些弱点而蒙蔽了双眼。

胆识比胆量更重要

> 胆量，有勇无谋；胆识，谋而后动。通常会胆大妄为的男人，只是具有胆量，看到眼前的利益就往前冲，更不会放过女色的诱惑。

身边几位花名在外的男性友人，虽然背景有很大差异，但在两性关系的处理上，却非常志同道合。他们勇闯江湖途中，绝对不会错过任何美色；但只要女伴在场的时候，都会收敛言行，谦称自己是"有色无胆"。

胆大包天、胆小如鼠，两种截然不同的个性特质，居然会同时出现在一个男人身上，这是怎么回事？为什么明明是同一个男人，有时候好勇斗狠，有时候却谦虚到令人搞不懂他在干嘛？

男人的自相矛盾，多少也反映出女人的挣扎。女人在挑选男友的时候，既希望对方有企图心，甚至具备冒险的精神，让她后半辈子衣食无缺、荣华富贵；却又希望他保守稳健，可以给她更多保护与依靠。

唯独在拈花惹草这方面，女人宁愿男人胆子不要太大。女人相信胆子愈小的男人，愈不会随便在外面偷吃。

别说多数女人并不了解，大部分男人也不自知——男人的胆量与胆识，是不能相提并论的。

胆量，有勇无谋；胆识，谋而后动。通常会胆大妄为的男人，只是具有胆量，看到眼前的利益就往前冲，更不会放过女色的诱惑。真正有胆识的男人，面对金钱或女色，绝不会轻举妄动，他会慎思明辨之后，确定自己有几分把握，再决定要不要付诸行动。

女人于是哀怨地问：难道就没有"胆大心细"的男人，可以终身依靠吗？

　　"胆大心细"的男人，确实很不错。有位从事公职的男性友人，非常精于投资理财。限于工作特质关系，无法每天盯着计算机屏幕看盘，也不听从营业员建议，完全靠自己研究投资市场的状况以及国际金融的变化，平均一年只买两只股票，却总是可以获利百分之二十以上。在投资领域，他确实是"胆大心细"的男人；转换到爱情世界，就未必会是女人眼中的极品。因为他太会算计了。女人要男人的细心，是要应用在相处时候的温柔体贴，而不是财务方面的斤斤计较。

　　男人的胆子大小，可以说是各有利弊，很难面面俱到。不过，我的很多女性朋友，都还是宁愿选胆子大一点的男人，即使这样的男人，将来可能比较容易让她伤心，但是胆小的男人当下唯唯诺诺的样子，看到蟑螂会大叫、听鬼故事会捂住耳朵，未免太不像话，她是连动心都困难，哪有伤心的机会？

男人，若不会让女人动心，就永远没有机会让她伤心。但若无心，也就不算爱了。

出轨借口是梦游

"宅"跟"花心",并非完全互斥的两种性格。换句话说,宅男也可能有花心的时候。最好不要误以为,每个宅男必定都忠厚老实,才不会发生始料未及的事。

她常跟朋友提起男友忠厚老实,是个标准宅男,唯一的坏习惯,就是放假若没事,只会关在房里睡大觉。朋友问她:"这样会不会太无趣?"她没经大脑想一下立刻回答:"总比交个很花心,每天爱往外跑的男友要好吧?"

其实"宅"跟"花心",并非完全互斥的两种性格。换句话说,宅男也可能有花心的时候。最好不要误以为,每个宅男必定都忠厚老实,才不会发生始料未及的事。

个性算是相当铁齿的她,起初没有把朋友的提醒听进去。几个月后,她才发现真相很残酷。

没有事先安排约会时间的假日,她婉拒几位姐妹淘

的召唤，一直等着他打电话来约，没想到一直没等到他
的电话。隔天上班，他才传讯息过来，说自己身体不舒
服，从下午昏睡到半夜。

　　听完他的解释，让她的心情从失望、焦虑、生气，
转为同情、不舍、疼惜。短短三言两语，化解心中的
不悦。

　　这次终于事先约见面时间，下个周末一起吃饭、
看电影。欢喜开心的约会结束后，他骑车送她回家，
她把手伸进他挡风外套的口袋，摸到一张买炸鸡的发
票，日期与时间，竟然就是他谎称自己在家昏睡的那
个假日。

　　她铁青着脸问："你不是说那天都在家睡觉吗?"

　　他接过发票仔细端详上面的信息，竟很认真地回答："那天我确实是在家睡觉啊。"

　　她不死心地再追问一次："既然在睡觉，怎会有买炸鸡的发票？"

　　他们的爱情故事，若在此刻停格，顶多就是有个没有解释清楚的误会。再往下发展竟成了爆笑的对话。

　　他竟说："我应该是梦游的时候去买的吧！"

　　任谁都听得出这男人在胡说八道，偏偏陷入在感情中的女子，通常都会失去百分之八十的理智。

　　痴情的她竟然不怀疑，四处向朋友打听，如何避免梦游时发生交通意外？却不肯认清事实：在这段感情中，她已经处于状况外。

男人犯错之后，所有会被原谅的理由，都千奇百怪，但真正值得被原谅的原因只有一个，绝对不是他多么会瞎掰，而是：你还爱着他。

约会手机关静音

> 有些花心男人，确实因为要遮掩自己另有劈腿对象的事实，怕约会时穿帮，故意把手机关静音；有些男人约会时把手机关静音，只是想要专心约会而已。

如果你上网搜寻"情人出轨的可疑迹象"，"约会时，对方的手机总是关静音"绝对会在榜上，而且很可能名列前茅。

但是，"劈腿"和"手机关静音"，这两件事情的逻辑关系真的如此直接而简单吗？

并非我要替花心男人圆谎，其实我是想帮一些无辜男人的忙。固然有些花心男人，确实是因为要遮掩自己另有劈腿对象的事实，怕约会时穿帮，故意把手机关静音，以为这样做就可以瞒天过海。但是，有些男人约会时把手机关静音，并非要遮掩什么，只是想要专心约会而已。

所以我们可以把"约会时，对方的手机总是关静音"可能的动机，分为下列几种——

1. 工作特性所需，手机长期设定为静音。有些行业，例如：广播、电视、图书馆、医疗、教职……通常上班时间，手机都是设定成静音状态。有时下班约会，忘了调整，改回正常音响的模式，这就不必太计较。

2. 纯粹只是不想被打扰。就像看电影或欣赏艺术表演一样，约会时把手机关静音，只是基本礼貌。

3. 避免无端惹是生非。本身没有劈腿嫌疑，但是怕对方想东想西，过度怀疑，干脆在约会前就把手机设定为静音，免得引起误会，又要费尽唇舌解释。

4. 替自己的行为遮掩。确实有其他交往对象，关静音是为了躲避对方追问。

　　以上各种原因之中，你的恋人约会时手机关静音的理由属于哪一种呢?

　　如果你发现，跟他在一起恋爱半年以上，他的手机从来没有响过，或都是在口袋、包包里，不断震动着，这时该怎么处理呢?

　　通常，很多两性专家都会建议你要多观察，我倒是比较直率一点，认为如果两人足够相爱，愿意继续交往下去，不妨找个适当的时机，直接询问对方。如果他很闪避，不肯面对，也不愿意改回正常响铃模式。答案，你已心知肚明。

　　发现男人形迹可疑的时候，该默默观察还是当场拆穿？要看你认为自己的胜算有多大，不是因为你已经掌握多少证据，而是你能确定真相大白的那一刻可以不让自己伤心。

特别的电话号码簿

大多数的男人，都很介意别人直接看穿
他。原来，男人刻意让自己的外表显得风流
倜傥，其实都是虚张声势，他的内在充满矛
盾冲突，行动力因此大打折扣。

阿德的手机里有一份特别的电话号码簿。没错！以
他的聪明才智，故意将档案匣的分类名称，伪装为"美
食小吃"，家人和朋友都以为他很爱搜集各地美食小吃
的信息，但未必真的有时间去品尝，就像这些陌生女人
的电话号码一样，通常是备而不用。

搜集陌生女人的电话号码，对喜欢搞七捻三的男人
来说，并非难事。凭他的搭讪本事，在网络上几个特定
的聊天室，瞎混几个小时，就至少可以拿到五至六个电
话号码。其中有部分是"外卖的"，需要付费；而更多
的女人，只是他可以发生"一夜情"的对象。

不过，绝大多数的女子，阿德都只是跟她们聊天而
已，内容偶尔会有点煽情，多数的时候只是闲聊——光

是这样，他就感觉很满足。聊久了，他也真的和那些女人成为未曾谋面的朋友。对方会把更多的心事对他吐露，甚至是她和男友或丈夫相处的摩擦和委屈，都来向他请教。还有一个女子，怀疑地问："你好懂女人喔！你确定自己不是同志?"

这真是很大的误会啊！阿德真的不是同志，也没有很了解女人，只是爱胡乱瞎扯而已，他的真实身份是：已婚、育有两子、四十二岁、监狱管理员。家庭幸福美满，工作稳定到近乎枯燥的地步，跟一般人不一样的是他的轮班制度，让他有时闲得发慌。某次上网找人聊天之后，让他乐此不疲，愈陷愈深。

直到有一天，在网络上碰到一个自称刚考上心理咨商执照的年轻女子，聊了几次之后，对方就直言："你很没安全感。从小就被忽视，长大后常想证明自己，却找不到舞台。"命中红心似的，直击中年男子的要害。

大多数的男人，都很介意别人直接看穿他。原来，男人刻意让自己的外表显得风流倜傥，其实都是虚张声势，他的内在充满矛盾冲突，行动力因此大打折扣。

不过，也多亏他只是有色而无胆，没有实际逾矩的行动，才不会替自己和伴侣的婚姻带来太多真实的灾难。但愿有朝一日他太太发现这份芳名录时，也可以这样朝着正向地去想。

劈腿男的两种坏

　　很少三姑六婆会去责备劈腿男人如何善于伪装或博取同情，只会骂这个自以为付出情感却已经沦为第三者的女人，笨！

　　男人劈腿都很坏。毋庸置疑！但很多女生不知道的是：男人劈腿的坏，有程度之分，而且是意想不到的坏。

　　一般众所皆知的坏，是他偷偷摸摸搞劈腿，在第三者面前伪装成单身的样子，而且掩饰得非常完美，甚至连情人节、圣诞节、跨年这种特殊节庆，都能无所牵挂地出现在她的眼前，而这些正牌女友或老婆完全蒙在鼓里。

　　当然，这种伪装单身的男人，出轨偷腥，还不是玩玩而已，敢跟对方谈真感情，若是一不小心，把事情搞砸，就会很严重地伤害身边的两个女人。

　　他的正牌女友或老婆固然是无辜的受害者，另外那个被骂到毫无尊严的第三者也很可怜。她根本不知道，自己正在介入别人的感情。

而且，当她被骂"小三""狐狸精"时，通常别人不太会同情，甚至雪上加霜说："我就不相信她智商那么低，怎有可能没发现那个男人有问题，除非真的是被爱冲昏头了。坊间有那么多书报杂志，教女孩如何判断男人是不是出来偷吃的，她都没看喔。"

够狠了吧！很少三姑六婆会去责备劈腿男人如何善于伪装或博取同情，只会骂这个自以为付出情感却已经沦为第三者的女人，笨！

无疑地，这种男人劈腿，够坏了。但是，另一种把事实全部摊开的男人，而且不装无辜可怜，也不编造身世，很明显是以"愿者上钩"策略劈腿，其实是更坏的。他厚颜无耻，摆明我现在有正牌女友或老婆，你要不要？随便你！

会答应他的女人，有些只是想玩玩，就不在意对方的背景；另一种是想豪赌一把，看有没有机会让自己扶正。

这种摆明着要偷吃的男人，真的够坏了，但再让你拿他和前面那种刻意隐瞒的已经有伴侣男人相较之下，究竟哪一种更坏呢？

我问过很多女性朋友，答案竟然见仁见智。有些女性朋友并不同意我的看法，她们认为前面那种会隐瞒的男人比较坏。关键在于，她们不愿意被欺骗。很多女人宁愿欺骗自己，也不愿被男人欺骗。

且行且珍惜

> 男人出轨后认错，除了表示愿意痛改前非，还会七拼八凑一些过往曾犯相同错误男人的忏悔语录，让看热闹的人讪笑一番，也让受到委屈的妻子宽心。

最近这几年，名人出轨偷腥的事件，从政坛到演艺圈，似乎层出不穷。社会大众关切的，不只是好奇地想偷窥事件发生的前因后果，还想要观察他的伴侣要如何回应？他们会继续走下去吗？

其中，最经典的个案，算是大陆知名演员文章。那阵子，我正好到上海工作，当地同事聊得正起劲的就是他外遇的新闻事件。

类似这种已婚男人出轨的事件，走的都是老哏：男人出轨后认错，除了表示愿意痛改前非，还会七拼八凑一些过往曾犯相同错误男人的忏悔语录，让看热闹的人讪笑一番，也让受到委屈的妻子宽心。

而在大多数的个案中，愿意保全婚姻的妻子，面对出轨偷腥后认错的丈夫，也必须表现落落大方，以免继续落人口实，要罚、要跪、要叫、要骂……那是关起自家房门之后的事了。

知名演员文章的妻子马伊琍，看起来比任何人都技高一筹，面对外界等着看好戏的人，她淡定地在微博留了这一句："恋爱虽易，婚姻不易，且行且珍惜。"这句话也被网友疯狂转传，成为流行语，而且被国外媒体完整翻译成英文："Being in love is easy, being married is not. It is to be cherished."

所有的媒体，紧接着争相刊载，所有网友跟着造句，爱好体育的网友说："赢球虽易，连胜不易，且行且珍惜。"上班族说："生存容易，生活不易，且行且珍惜。"主管说："失业虽易，就业不易，且行且珍惜。"IT男说："线上虽易，线下不易，且行且珍惜。"

相较之下，文章犯了天下男人都可能犯的错，马伊琍则表现了天下大老婆都要有的气度，或呈现了天下大老婆都会有的委屈。无论网友是基于同情或肯定，总之是给她热烈掌声了。

很多网友挑剔文章的忏悔是凑数，对马伊琍的表白给予赞许。尤其这句话中令人感触良深的"且行且珍惜"，可以当作所有情侣或夫妻，面对感情的风风雨雨，还能决定携手走下去的座右铭。

而这句"且行且珍惜"曾经是歌手张信哲一九九六年发行的专辑《梦想》里的一首歌的歌名。它不是主打歌，排序在 CD 的第十首。张信哲在同年因为这张专辑，获得金曲奖最佳男歌手。无论感情或是人生，难免风风雨雨，无论是否能够一路坚持走下去，我们也都只能且行且珍惜。这是最真挚的愿望，也是最深情的期许。

内裤采购决策权

当他把男性内裤的决策权交到女伴的手上，就显示了两个不同的意义：一是他对她的完全信任与托付，二是他对这内裤这个东西并不太在乎。

根据日本一项杂志报道的调查显示：女性青春期的第一套内衣，若是和妈妈一起上街采购的，母女关系比较亲密，其中有五成女孩在将来长大后会跟母亲谈论异性和生理的烦恼。若是女孩青春期的第一套内衣，是由妈妈自行决定，没有和女儿商量，这些女孩长大后，有七成不会和妈妈讨论异性相关的话题。

女孩"转大人"阶段的内衣选购，不只是款式美观的考量，要留意对身体的保护，也是对生理持续发展的关注。母女之间的意见沟通，能带来心理抚慰的作用。

相对之下，坊间对于亲子关系之间的研究，比较少透过男性内裤的选购来看父子之间的关系。根据我的观察，除非特别重视自己的品味或是生活情趣，大部分的老公，无论年纪多大，内衣裤都是老婆买的。顶多老公会把自己偏好的款式或颜色，跟老婆说个大概，之后都是由老婆拥有采购的决定权。

再往前追溯老公婚前的生活概况，年幼男子若与家人同住，大多数的内裤采购决策权，是由其妈妈一手掌握。年轻男性若因为就学、就业，早些年离家独居，基于自理能力，才会取回内裤采购的决策权。只有极少数成年的单身男士，因为重视品味与情趣，会特别主张自己的内裤决策权。

从男性是否拥有采购自己内裤的决策权，可以看出他内在成熟独立的程度以及对性爱情趣的重视与否。当女性开始和男友交往，并逐步发展到亲密关系的阶段，可以多观察他对内裤采购的决策权是否在意。如果他已经二十几岁，甚至超过三十岁，都还是通过老妈买内裤，他是"妈宝"的可能性比较高。

无论男友过去选购内裤的习惯如何，当他把男性内裤的决策权交到女伴的手上，就显示了两个不同的意义：一是他对她的完全信任与托付；二是他对内裤这个东西并不太在乎。也因为这两个不同的意义，让女伴在拥有男性内裤采购权时，具备不同层次的象征。前者，代表她在他心中不凡的地位；后者，代表她充其量只是充当老妈子而已。

男人在偷腥出轨时期，对内裤特别在意。如果你的男伴，平常不重视内衣的款式与干净度，甚至很邋遢，突然开始改穿特别新潮的内裤，就要留意他的动机。或者，有一天，他回到家换衣服时，你发现他连内裤都穿反了，那你得多留意。

PART—5

不完美的男人，完整了女人

哪种男人最优秀？最幸福的选择，不一定是得到条件最好的那一个，而是在选择过程中懂得如何取舍，才能找到最适合自己的对象。

吉他男要会烤肉

> 婚前的观察，不能太片面，也不能只从
> 单向的角度解释。每一种特质，都是一体两
> 面；优点和缺点，往往互为表里。

一位高中女孩说，从小单亲妈妈就教她，要学会从
小地方观察男人。例如，和男孩出去参加联谊活动，宁
愿优先选择"努力帮忙烤肉给大家吃"的男生当男友，
绝不要选"弹吉他、唱情歌"的那个。

我猜想这个单亲妈妈必定受过感情的伤害，认为会
"弹吉他、唱情歌"的男人都有点花心，不太可靠。即
使他愿意和你安顿下来，最终还是会因为才华洋溢，而
不安于室。若不是他主动去勾引别人，就是别人来诱
惑他。

反观"努力帮忙烤肉给大家吃"的男人，是默默
奉献型的，多半会是个愿意任劳任怨地付出，不求回报
的好男人。

　　站在长辈的观点，我能听懂这个逻辑；连年轻如她，也不难理解，甚至还贪心地说："最好是可以找到一个会弹吉他的男人，但他并不随便在公开场合唱情歌，唯独只对着我一个人唱情歌，而且还愿意帮忙烤肉给我吃。"

　　世界上有没有这样两全其美的男人呢？或许有吧，只是数量不多，需要一点缘分才碰得到。如果无法两全其美，只能在"弹吉他、唱情歌"和"努力帮忙烤肉给大家吃"两者之间选一个，后者真的比较适合当作婚姻的伴侣吗？

　　其实，也未必喔。我手边就有真实的案例，近身观察了十年之久，得到完全不同的结论。

　　有个女孩遵从长辈的意见，依循传统的观察角度，选择愿意在团体活动中努力奉献的男生结婚。后来，才发现他之所以默默付出，是因为对自己缺乏自信，希望在服务中得到自我肯定。而且，他很不重视生活情趣，跟他过日子，物质的温饱不会出问题，却很少享受精神的食粮。

　　婚前确实要好好观察对方，才知道彼此是否合适。但是，这些观察不能太片面，也不能只从单向的角度解释。每一种特质，都是一体两面；优点和缺点，往往互为表里。犀利的观察，固然可以帮你看穿一个人；同理的包容，才能让双方继续相处下去。

　　更何况，因为所处的阶段不同，往往每个人对感情对象和结婚伴侣的特质会有不同的期望，婚前希望他浪漫，婚后期望他务实。而当对方无法随之配合调整，你就会感到失望不满。

而且，不只是你在观察对方；其实对方也在观察你。如果你眼底看到的都是对方的缺点；对方也会觉得你是个"很爱挑剔"的人。

除非他慧眼独具，不把这些检视的行为称为"很爱挑剔"，而是认为你有"精挑细选"的好眼力。他若是以这种方式应对，你也很难不感到惭愧啊。

没房没车谁要嫁

> 并非每个女人后来都嫁给了"有房有车，不必与公婆同住"的对象，还是有很多女人愿意跟"没房没车，必须与公婆同住"的男士结婚。

几位参加过"快速换桌，约会聊天"联谊活动的男士跟我抱怨相同的事："短短三分钟，女方提出的问题都是：你有房、有车吗？将来我要不要跟公婆住？"接着他们百思不解地问我："我们不是才刚认识不到一分钟吗？怎么就论及婚嫁了？"

通常我听完男士的委屈后，都会温和地反问他："你不高兴的重点在哪里？觉得自己的隐私被冒犯；还是正好没房没车被问到痛处；或你拥有对方要的条件，只是不喜欢她那么现实？"

毕竟，这并非通过亲友介绍或路上邂逅而认识的对象，"慢慢了解对方"这一套逻辑在刚开始时是行不通的。

158

在"快速换桌，约会聊天"短短的三分钟里，只有两个最基本的策略：

1. 在极短的时间内，给对方留下一生难忘的印象；
2. 用最有效率的问题，试图精准地筛选自己要的条件。

因为彼此都不想浪费时间，也没有时间好浪费。等双方都明白表态，愿意进一步交往，才有机会进入"慢慢了解对方"的阶段。

除非本身很有自信，确定自己可以"在极短的时间内，给对方留下一生难忘的印象"，否则大家都会"用最有效率的问题，试图精准地筛选自己要的条件"，于是女方提出的问题都是："你有房、有车吗？将来我要不要跟公婆住?"

　　无论男士是否具备符合女方的条件,其实都不必心怀怨怼。女方之所以这样提问,表示她很认真考虑过要不要跟你交往。这也不能怪罪于对方太现实,毕竟经济因素确实是需要考虑的条件之一。

　　但并非每个女人后来都嫁给了有房有车的对象,还是有很多女人愿意跟没房没车的男士结婚。女人愿意嫁给经济条件不符期望的男人,前提是她认为这个男人有其他的长处,而且给她足够的期许。以股市投资术语来说,他目前不是绩优股,而是潜力股。

　　所以,我常呼吁普天下的男士们,请务必要加倍珍惜那个在你没房没车时,就愿意许诺跟你共度一生的女人啊。我也要提醒愿意"委身下嫁"的女人,决定和没房没车的男人结婚前,要事先提高你的眼力,或做好一起与他同甘共苦的准备,切忌眼高手低,或不断埋怨,以免平白让幸福葬送在自己不切实际的期待里。

婚恋不是冲业绩

> 和业务高手热恋的时候，你必定很享受。此刻的他，把爱情当作业绩追求。业务高手，不但有创意，而且行动积极，他的攻势很强，没有什么人可以招架得住。

跟业务员谈恋爱，过程中多半都会有点刺激。尤其，如果对方是个业务高手，你很难是他的对手。

通常业务高手，必定人缘好、桃花旺。刚开始的时候，你连他放电时都会搞不清楚——那是礼貌的招呼还是在释放对你的好感？

等到确定他是要追求你，你会半信半疑地问："你条件那么好，身边的对象那么多，为什么选择我？"不是你对自己没信心，也不是你看轻自己，你只是要确认他看上你的理由。

和业务高手热恋的时候，你必定很享受。此刻的他，把爱情当作业绩追求。业务高手，不但有创意，而且行动积极，他的攻势很强，没有什么人可以招架得住。

可惜的是，当业务高手确定爱情已经得手，甚至结婚之后，他的变化很快速，会把生活的重心调整回工作上。业绩好的时候，他要忙碌于周旋在顾客与竞争者之间；生意不好的时候，他的压力大到不想见你。

他最常哄你的一句话就是："宝贝，等我忙完这阵子，就会好好陪你了。"可是，一年到头，他总是忙不完的。

你们要回到旧日美好时光，必须等到他完成业绩后短暂几天的休假。如果，你想要有长一点的假期，可能要等到他完全退休。

如果追求你的业务员并非个中高手，而是被业绩压力追到喘不过气来的没本事的人，你会更加辛苦。你若有广大的亲友团，可以帮助他达成业绩，你会混淆他是爱你还是利用你。你若没能帮上忙，只能看他灰心丧气，还不能多说话，免得惹他烦。

业务员最佳的恋爱对象，就是他的工作。如果有人想要去应征业务员的工作，表明自己单身，只会跟工作谈恋爱，一定会很快被录取。业务员次佳的恋爱对象，则是同公司的另一个业务员，很多直销公司或保险公司，都是夫妻一起并肩作战，共创佳绩。

业务员第三顺位的恋爱对象，就是个性沉默寡言，永远只会默默站在身后支持他的人。假设你不是这样的对象，别轻易爱上业务员。

　　以上提醒，不是针对业务员提出，而是要叮咛对爱情充满幻想的女孩，在决定婚嫁前，要慎重观察男友的心态，很多男人虽然并非从事业务工作，却把恋爱当作业绩在冲，当他后继无力的时候，就是你幻灭的开始。慎选对象，彼此鼓励，让爱像慢火，热情才能持续。

迷恋黄色小鸭

> 女人想结婚，无非是找到一个可以终身
> 依靠的港湾。而外表壮硕的男人自身却不一
> 定具备足够的安全感，可以停止在感情世界
> 中流浪。

　　荷兰设计师霍夫曼（Florentijn Hofman），将很多人儿时记忆浴缸里的"黄色小鸭"塑料小玩具，重新设计成放大高达六层楼的"黄色小鸭"（Rubber Duck）装置艺术，造成轰动而风靡全球。

　　关于"黄色小鸭"真正的起源，有不同说法。我比较感兴趣的是以下两种介绍。据说，"黄色小鸭"是日本长野县一家公司在一九九一年推出的产品，命名为"piyochan"，因为鸭子的叫声跟日文"piyo"的发音很近似。另一项考据则指出，一九九二年一艘载满塑料玩具黄色小鸭的货柜船在北太平洋发生船难，因为货柜破裂导致 2.9 万多只小鸭全数坠落大海。

　　十几年来，这些小鸭随着洋流，分批陆续漂流到加

拿大、美国东岸与英国北部海滩，至少经过4.8万公里的水上路途，海洋学家并据此来观察海洋环流。有些沦落大海的小鸭，甚至漂到北极海，历经酷寒气候而被冰封，只能静静等待冰融，或随着冰山漂浮到不可知的远方。

因为从事媒体及企管顾问工作，让我有机会观察身边特别喜欢"黄色小鸭"的朋友，尤其是那些当"黄色小鸭"尚未登陆台湾，就迫不及待搭飞机赶到香港维多利亚港一睹风采的"鸭迷"们。

那个阶段，我经过详细的统计分析后，发现女生很容易在看到"黄色小鸭"的新闻或图片后，大声惊叫："噢，好可爱喔!"但是会真正采取行动，大老远搭飞机跑去和"黄色小鸭"面对面的，还是以男性朋友居多，特别是学设计或创意的男生，喜欢积极冒险，探访新事物，特别争先恐后。

另外还有一些轻熟男，亟欲抓住青春尾巴似的，展现童心未泯的一面，跟着赶热闹。某天我还看到一位身材壮硕的企业主管，把手机里 Line 这个软件中代表自己的肖像，改成一只黄色小鸭躺在他穿着笔挺衬衫胸膛上的照片。

我把这张照片秀给不认识他的女性朋友欣赏，她们又发出那种"噢，好可爱喔"的惊叹，但这次赞美的对象已经不只是那只"黄色小鸭"，而是熟男穿着笔挺衬衫的胸膛和"黄色小鸭"所联结的安全感。

　　她们心中所作的联想，不外乎就是把自己投射成那只"黄色小鸭"，可以依偎在熟男的胸膛；但事与愿违的是，会拍这种照片的男人，本身就很期待别人给他安全感。真是为难世间男女，也苦了大家啊！谁叫"安全感"往往是爱情中最吸引彼此，却也是双方欠缺的东西啊。

　　女人想结婚，无非是找到一个可以终身依靠的港湾。而外表壮硕的男人自身却不一定具备足够的安全感，可以停止在感情世界中流浪。男人幼稚或成熟的界线，就在他是否本身具备、也愿意给对方足够的安全感。

　　若成熟的男人，再加上一点"童心未泯"的特质，就魅力十足了！

女人怕的男人味

自以为是、自大狂、自恋、自我为中心，这种具备"大男人"特质的男人味，是多数女性很不喜欢的。偏偏，很多男人不自觉，还以为自己很有个性、很 Man……

男人味，在爱情市场是票房猛药还是毒药呢？

很多刮胡刀、沐浴乳、男性保养品广告片，都会选造型粗犷、气质阳刚、身材健壮的男模特儿做代言人，并且强调"是男人，就要有男人味!"此话虽说得理直气壮，但并非所有的女人都爱各种男人味，有些男人味并不讨女人喜欢。

与身体有关的具体异味，例如臭汗味、臭袜味、尿骚味……除非有特别与众不同的嗜好，否则一般女性绝对是受不了，男人可别自以为有个性，打完球，流一身汗，没有盥洗，就要约女孩去吃冰、逛夜市。她若没嫌你，只能说她很有修养，懂得忍耐，或是她很爱你，绝对不是你有很魅力。除此之外，另有一些无形的男人味，也是很多女性感到可怕的。自以为是、自大狂、自恋、自我为中心，这种具备"大男人"特质的男人味，是多数女性很不喜欢的。

偏偏，很多男人不自觉，还以为自己很有个性、很Man、很有自己的一套。在这方面，男人若高估自己的魅力，最后很可能失去爱情，还搞不清楚自己做错了什么。因为，讨厌男人自大而离开他的女人，通常不会说出真正的原因，只会淡淡地说："个性不合。"

还有另一种会令女人"避之犹恐不及"的男人味，通常是中年（或更资深）男人的专利。他们对现实生活十分不满，非常爱发牢骚，更喜欢批评，而且骂人的时候用字遣词以及语气都很重，表面上好像还保留了年轻时慷慨激昂的热血，其实内容都充满腐朽的味道。总之，千错万错都是别人的错，只有他最聪明、最清高。

以上这些闻不出真正的气息，但只要一靠近就必定很呛鼻的男人味，别说是女人感到畏惧，连其他男人都未必可以忍受。

除非，他们气味相投、物以类聚。

在新时代的感情世界中，妈宝，确实令很多女人不喜欢；但是，看起来很阳刚、很独立的大男人，或许初期还算吃得开，一旦真面目被看清楚，女人也就逃之夭夭了。只有不够自信的女人，才会欣赏这种过时的男人味。

耍贱男缠上自卑女

女生若是自信不够，觉得自己不完美，就会在爱情里百般讨好对方，希望用牺牲和委屈，来交换对方的爱与重视。但是，效果往往适得其反。

委曲求全是感情中很常见的模式，但还是有很多女生会沉溺在这种不公平的方式中舍不得离开。偏偏很多当事人都说不清楚自己留恋什么，否则又怎么会在那个不懂得爱的对象身上浪费时光。

有位女性抱怨，自己在爱中受尽委屈。男友个性既自私又跋扈。举例来说，他对约会时间要求严格，绝对不准她迟到，稍有不顺他意，就摆臭脸。但他自己却经常迟到，甚至借口忘记时间，让她苦等几个小时。

为了守着这份连朋友都看不下去的感情，她可以说是付出所有心力。男友对她若即若离、爱理不理，她都逆来顺受，好言好语。

朋友鼓励她，即使恋爱多年，已经论及婚嫁，但经常吵吵闹闹且发现对方不适合共度余生，就应该设定停损点。如果他的态度始终不改善，必须慎重考虑跟他分手。

时间久了，次数多了，她终于听进去了。在他和女性网友相约喝酒、彻夜未归的隔天早上，她痛定思痛，决定提出分手，整理好衣物，搬离男友住处。

就在她拂袖而去的那一刻，男友竟然放声痛哭，坦承他过去大错特错，拜托她千万不可以离开他。

此刻，她无奈地打电话给在楼下等待接应她离开的几个好朋友，说她暂时走不开，大家都异口同声对着听筒破口大骂："这个男人，是贱货！"

看似闹剧的画面，却隐含两性互动的真理。自卑女与耍贱男，常常是天造地设的一对怨偶。女生若是自信不够，觉得自己不完美，就会在爱情里百般讨好对方，希望用牺牲和委屈，来交换对方的爱与重视。但是，效果往往适得其反。

很多男人爱耍贱，不懂得珍惜这个已经委曲求全在跟他乞讨爱的女人，只会忽视她、欺负她、糟蹋她……直到她到了停损点的那一刻，决定分手，他眼看要失去这个全心全意爱着他的女生，才幡然悔悟，却为时已晚。偏偏，竟还是有很多傻傻的女生，会被挽留下来，继续她对他进行成功希望相当渺茫的改造工程。

如果这次断然分手可以让自卑的女生重新找回自信，至少告诉自己："我已经没什么好失去的了。"她就会因为失去这份爱，而得到另一份幸福。

最怕的是，她以为真的可以改造耍贱男，继续留在那个让她伤透心的地方，失去的自尊和匮乏的感情，就形成负面循环，从此围绕身边仿若阴魂不散。

烟是男人的逗点

> 如果对男人来说，烟是生命中的逗点；
> 对女人而言，烟应该是感情中的删节号，那
> 些说不出的心情，都在一根淡淡的凉烟里。

开办过几期"熟女写作班"之后，我对每一班的熟女同学都很赞叹。她们的生命故事，精彩得超乎我所能想象。透过文字所展现的能力，更是令我敬佩。

我在这里所指的文字能力，其实有两个截然不同的面向。其中一个面向是：将自己所思所想透过文字表达出来，让别人了解。另一个面向是：以文字整理思绪，向内探索自己。

不同期的熟女同学，有个共同的特点：她们刚开始都不太会善用标点符号。有些同学起初的习作，全篇都没有适当的停顿或是段落的结束。仿佛很久没有遇到可以倾听她心声的对象，急着要把内心所有的话语，一股脑儿地倾泻而出般洋洋洒洒。

　　有时候，不同主词的完整句子，必须以句号切隔，但她却可以从头到尾都只有逗点，甚至连逗点都没有，一气呵成地写完整段心情。

　　通常我会在第二堂课，分享标点符号的用法。毕竟，标点符号是非常好用的工具，就像人生中许多需要区分的心情。有时候，它可以让文句更加简洁有力；有时候，它可以画龙点睛；有时候，它可以代替文字表达出意犹未尽的千言万语。

　　我想到一位男性好友，曾经跟我分享的一个比喻。

　　他是个抽烟抽了很多年的中年男子，朋友都笑说他是老文青，虽然不止一次说要戒烟，却没有真正付诸行动。

　　某天，他有感而发地传简讯跟我说："如果人生能转换成一段喋喋不休的文字，对我来说，烟是文章中的逗点。一支烟、一个逗点，才能继续人生的起、承、转、合。"但以我观察他抽烟的频率，我想他这篇文章的逗点，未免太多了些呢！

　　如果对男人来说，烟是生命中的逗点；对女人而言，烟应该是感情中的删节号，那些说不出的心情，都在一根淡淡的凉烟里。

　　为了健康着想，我们还是要推广戒烟，不要以标点符号比喻两性的差异，过度美化人生中的逗点或感情中的删节号。祝福瘾君子可以早日找到人生中戒除所有瘾头的句号。

当女人谈了多年的恋爱，内心渴望结婚却等不到男方求婚，如同不知道该如何替这段感情画上适当的标点符号。无法抉择的心情，犹如难以在逗点和句号中取舍，就以删节号代替，那些被浪费掉的、难以言喻的青春。

帅哥永远比美女多

> 男人和女人的择偶条件，很不一样。男人私心还是希望找到美女，除非他认为自己不够本事，才会退而求其次地放弃外貌的条件。

有没有发现不管是在街上、学校、办公室还是演艺圈，被称为帅哥的人永远比美女多。

从前，港星有四大天王；接着，台湾出现了F4；现在，还有人在拱新四大天王……这些被女粉丝喜欢的偶像，形貌、气质、才华，都各有特色。相较之下，女星的美丽，类型比较单一。或许你觉得林志玲和隋棠的长相大异其趣，但通常都会符合瓜子脸、双眼皮、高挺鼻、傲人的身材等条件。

被归类为帅哥的外形多元；被称为美女的标准单一。帅哥永远比美女多，这个现象并非代表帅哥的比例比较大，而是女人欣赏异性的宽容度比男人高很多。

即使男人不帅，还是有女人爱。当女人找对象时，说"丑一点的没关系！"往往是出自真心的。很多女人甚至觉得：男人长得帅，并不可靠。她衷心期待的是，一个会懂得善待她的男子。

关于这一点，男人和女人的择偶条件，很不一样。

男人私心还是希望找到美女，除非他认为自己不够本事，才会退而求其次放弃外貌的条件。你看经常出现在新闻媒体上的那些有钱有权的男人，就会印证我所说的，他们发迹之后交往、结婚的对象都是美女。男人想从娶回来的美女身上向大家证明自己确实拥有征服的能力。

不必特别看公众人物了，你家街头巷尾，若有本地男子迎娶外籍新娘的，留意看吧，只要男方是去婚姻顾问公司看照片挑选的，都是以外貌为首要考虑。但是，男人不会承认，他淡然地说："顺眼就好。"

反观，事业成功的美女，她的伴侣并不是最帅的。

幸运的话，她找到一个不帅，但很 Man、很有责任感、也很爱她的男人。这个结果，已经可以说是花开富贵了。

运气差一点的，她遇见一个不帅也不 Man，甚至有点软弱，连家事也不帮忙做的对象，但是只要他听话，不乱搞、不花心、不家暴，她也可以被纳入幸福之列了。

最差的是，她碰到一个既丑又不负责且不忠的男人。糟透的婚姻，不但遮掩了她的事业光芒，也让人生变成笑话。

嘻哈男学当好爸爸

> 新时代的年轻爸爸，常需要太太分担家用，对家中大小事情，无法享受到"老子，说了就算！"的权威与殊荣。因此，必须更愿意倾听、沟通和妥协。

我报名参加一项身心疗愈的课程，讲师从香港来，是一位在墨西哥出生，到亚洲发展的熟男。

和很多喜欢东方文化的老外一样，他穿了一袭刺绣着飞龙图案的长衫。讲课中，不经意提到文化差异，说在他的故乡里，人与人见面都会拥抱亲吻，即使男人跟男人之间也会这样。他突然转身问一位熟女学员，你们这边家中的爸爸会亲吻自己的儿子吗？

这位被突然问到的熟女学员，为了慎重回答这个问题，很认真地转着眼珠，想了很久，终于给出一个全体学员都有共识的答案，她说："上一时代的老爸爸们，通常不会亲吻自己的儿子；但是，新时代的年轻爸爸，已经开始尝试这样做。"

　　显然这位熟女学员的回答很客观，她平常有细心留意街头的现象，跟大家观察到的结果很近似，获得同学们的肯定。随着两性教育的普遍发展，新时代的年轻爸爸，比较容易放下自尊与威严，真情流露地对子女表达父爱。

　　我观察看到很多新时代的年轻爸爸，从穿着打扮看起来，好像还只是个大学生，甚至像是更年轻的大男孩，但背起娃娃、抱起小孩的架式十足，很自然地展现亲昵的动作，或是充满疼爱的眼神，在许多细节处，都有令人动容的父爱。

　　其实现代人大多晚婚，四十岁才开始学当父亲的男人大有人在。少部分早婚的男人中，可能还有一些是奉子成婚的。若是三十岁出头就当爸爸,看起来真的是很年轻,但他们已经开始学习对家庭负责。

无疑地,新时代的年轻爸爸比他们上一代的爸爸,对待子女的方式,因为不刻意展现父亲的架式而更有亲和力。表面上看起来,他们更愿意沟通,也更乐于付出。而实质上,他们也有许多委屈和压力。

上一代的老爸爸,通常都扮演"一家之主"的角色,即使经济能力不够好,在家里总有受到一定程度的尊敬地位。新时代年轻的爸爸,常需要太太分担家用,对家中大小事情,无法享受到"老子,说了就算!"的权威与殊荣。因此,必须更愿意倾听、沟通和妥协。如果想要沿用上一代老爸的态度和家人相处,势必会让自己过得很痛苦，家人也不会快乐。

　　新时代的年轻爸爸，或许婚前、婚后都一样可以染发、可以嘻哈、可以游戏机不离手，但是从孩子来世间报到的那一刻起，就不得不让自己变得更成熟。但是，这份成熟必须是自发性的，而不是被女伴逼出来的。

分手时说的话

> 时间，从来就无助于忘记。在感情的路上，我们会忘记的，或许是一种情绪、一个事件，而不是一个曾经交往过的对象。

开始论及婚嫁，她为了更加确认这段关系，又上网从头到尾仔细浏览男友的个人网页，却无意间发现一段他留给前女友的话，应该是类似分手信那样的文件，推测当初是女方提出分手，他说："无论这次分开，是不是就不回头，我会永远记得你。"她因此醋劲大发，失眠一个星期。

精神不济的她，求助于比较理性的朋友，立刻被酸溜溜地开导一番："你没事去看那些网页干嘛？不就是自讨苦吃吗？十个月前的事，值得拿来困扰自己吗？"尽管已经被这样晓以大义，她的执念在一时之间依然无法完全放下。

她追着问："我可以找个适当的机会问他是否已经

忘记她了吗？身为他的现任女友，我有权利这样问吧?"

朋友很努力地用温柔的语气提醒她："你真的要这样做吗？对你来说，这样做究竟有什么意义?"

吃对方前任女友的醋，其实是很正常的事。尤其，如果他们还毫不忌讳地继续保持联络的话。但仔细想想，如果你很在意这些互动，经过你的提醒，而对方还是不做出善意的回应或改变，他的前任女友依然纠缠不清，你还需要留恋这段感情吗？

若对方已经诚恳地安抚，并再三保证他不会逾矩，也不会回到前任女友身边，或许你可以选择观察一段时间，而不是继续吵闹下去。否则，如果他的前任女友是故意不给你们安宁的日子过，你就正中下怀了。

　　换个角度想想，那个在分手时说"我会永远记得你"的男人，还蛮诚实的，不是吗？比起口口声声对现任女友说"我早已经把她忘记"的男人，要诚实许多。时间，从来就无助于忘记。在感情的路上，我们会忘记的，或许是一种情绪、一个事件，而不是一个曾经交往过的对象。

　　或许，他在分手的当下说："我会永远记得你。"只是代表他重感情，不等于他要回头，甚至他之所以说得如此情深义重，只是想要令对方自责痛苦，并非真的无法放下。

　　他和她之间的记忆，都已经成为过去式，他和你才是现在进行式。虽然这个进行式中，残存着他前任女友的问候与心机，这是你们感情的阻力还是助力，关键不在别人身上，而是你该如何自处？

自信，往往会是最后的答案。并非要你武装坚强，而是要相信自己有足够的力量去面对他和前任女友的关系。或者，这股力量，也可以称之为雅量。即使你最后因此失去这场战役的胜利，充其量也只是放走一个不适合你的人，让他回到过去的记忆舒适圈。你并没有失去什么，你终于赢回了自己。

从男人分手的态度，可以约略判断他将来如何对待牵手的人。这个说法虽然未必百分之百准确，但至少他若表现理性的一面，好聚好散，也算是风度翩翩了。

男人可以顾念旧情，但不能损及现在的这段感情。尤其在走入婚姻之前，更必须与旧爱适度切割，才能保障婚后的幸福。